国家示范性中职院校工学结合一体化课程改革教材

Yunshu Shiwu Guanli
运输实务管理

广西交通技师学院　组织编审
谢毅松　主　编
李静懿　梁伦兴　副主编
封桂炎　主　审

人民交通出版社股份有限公司
China Communications Press Co.,Ltd.

内 容 提 要

本书是国家示范性中职院校工学结合一体化课程改革教材，是按照“以工作过程为导向、以项目建设为载体”的教学模式，由广西交通技师学院组织本院专业教师编写而成的重点建设专业课程教材。本书知识点清晰，内容编排新颖，图文并茂，直观性强，通俗易懂。

本书内容包括：物流运输概述、公路运输、水路运输、铁路运输、航空运输、管道运输、多式联运、特种货物运输、货物运输保险与合同，共计9个学习项目。

本书供中等职业院校物流管理专业师生教学使用，亦可供物流管理相关技术人员学习参考。

图书在版编目(CIP)数据

运输实务管理／谢毅松主编．—北京：人民交通出版社股份有限公司，2015.2

国家示范性中职院校工学结合一体化课程改革教材

ISBN 978-7-114-12087-9

Ⅰ.①运… Ⅱ.①谢… Ⅲ.①交通运输管理—中等专业学校—教材 Ⅳ.①F502

中国版本图书馆CIP数据核字(2015)第039515号

国家示范性中职院校工学结合一体化课程改革教材

书　　名：运输实务管理
著 作 者：谢毅松
责任编辑：闫东坡
出版发行：人民交通出版社股份有限公司
地　　址：(100011)北京市朝阳区安定门外外馆斜街3号
网　　址：http://www.ccpress.com.cn
销售电话：(010)59757973
总 经 销：人民交通出版社股份有限公司发行部
经　　销：各地新华书店
印　　刷：北京市密东印刷有限公司
开　　本：787×1092　1/16
印　　张：9.25
字　　数：195千
版　　次：2015年4月　第1版
印　　次：2015年4月　第1次印刷
书　　号：ISBN 978-7-114-12087-9
定　　价：22.00元

国家示范性中职院校工学结合一体化
课程改革教材编审委员会

前　　言

随着我国汽车产业的迅速发展，汽车保有量快速攀升，汽车后市场空前繁荣，汽车维修行业面临机遇和挑战。目前，汽车维修行业专业人才紧缺现象日益突出，从业人员文化水平、业务知识、操作技能、环保意识、道德素养等方面亟待提高，迫切需要加强学习能力培养和职业技能训练。为此，广西交通技师学院在国家级中等职业教育改革发展示范学校建设过程中，依托校企合作、工学结合，根据汽车检测与维修、汽车钣金技术、汽车营销、物流管理四个重点建设专业培养方案，组织编写了这套国家示范性中职院校工学结合一体化课程改革教材。

本套教材由广西交通技师学院组织，通过校企合作的形式编写，是学校与保时捷、丰田、大众、现代等汽车公司以及北京史宾尼斯机电设备有限公司、北京运华天地科技有限公司深度校企合作成果的展示。在教材编写过程中，充分调研市场，认真总结课程改革与专业教学经验，按照“工学结合四对接”（学习过程对接工作过程、专业课程对接工作任务、课程内容对接岗位标准、顶岗实习对接就业岗位）的人才培养机制，以及“产训结合，能力递进”的人才培养模式；基于学校专业人才培养方案、教学过程监控与考核评价体系，兼顾企业典型工作项目、技术培训内容，贯穿企业“7S”（整理、整顿、清扫、清洁、素养、安全和节约）管理模式；从汽车维修企业岗位需求出发，相应组织和调整教材内容，力争体现汽车专业新知识、新技术、新工艺及新方法，满足培养学生成为“与企业零接轨、能力持续发展的高技能人才”的教学需要。

本套教材是广西交通技师学院重点建设专业课程改革教材，共计4个子系列、13种教材，包含了汽车检测与维修专业7种教材：《汽车检测与维修技术（初级学习领域一）》、《汽车检测与维修技术（初级学习领域二）》、《汽车检测与维修技术（中级学习领域一）》、《汽车检测与维修技术（中级学习领域二）》、《汽车检测与维修技术（高级学习领域一）》、《汽车检测与维修技术（高级学习领域二）》、《汽车电学基础》，汽车钣金技术专业2种教材：《汽车车身修复基础》、《汽车车身修复技术》，汽车营销专业2种教材：《二手车销售实务》、《汽车商务口语》，物流管理专业2种教材：《仓储与配送》、《运输实务管理》。教材内容编排新颖，知识点清晰，图文并茂，直观性强，通俗易懂。这些教材分则独立成卷，合则融为整体，主要供中等职业院校汽车类专业教学使用，也可供汽车维修行业相关技术人员学习参考用。

《运输实务管理》由广西交通技师学院信息与商务系组织教师编写,具体分工如下:学习项目1由黄泳霖编写,学习项目2由韦欣烜编写,学习项目3由罗莎编写,学习项目4由谢毅松编写,学习项目5由李静懿编写,学习项目6由梁志芬编写,学习项目7由王大昕编写,学习项目8由梁伦兴编写,学习项目9由何宁英编写;全书由谢毅松担任主编,封桂炎担任主审。

本套教材编写还得到了中国汽车工程学会汽车运用与服务分会、广西物流与采购联合会、南宁市物流协会以及其他兄弟院校的支持与帮助,在此致以诚挚的谢意!由于时间仓促,加之我们在经验和学识方面的欠缺,书中难免存在诸多不足之处,恳请从事职业教育理论研究和汽车相关专业教学的各位同仁不吝赐教、代为斧正,我们期待着你们对我们不懈追求的支持,也诚望大家批评和指正。

教材编审委员会

2014年9月

目　　录

学习项目1　物流运输概述

学习目标

①能准确了解物流运输的定义、分类、作用；

②能识别几种不合理运输方式，掌握合理化运输的表现形式；

③了解我国目前物流运输的现状；

④能利用互联网资源，收集相关图片和信息，拓展知识面。

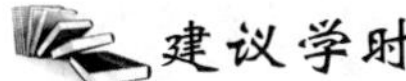

建议学时

8学时

学习活动1　物流运输认知

学习目标

①能理解运输的定义以及运输在物流中的作用；

②掌握物流运输方式，并能进行叙述；

③了解我国当前物流运输现状。

建议学时　4学时

学习地点　教室

学习准备　课本、笔记本、互联网资讯、多媒体设备、电脑

学习过程

一、任务引入

某运输企业到学校招收实习生，该企业涵盖多种运输领域，企业HR要求实习生掌握相关的货物运输知识，并且具有良好的职业素养。小罗非常满意这份工作，所以她对

自己所学习的物流运输基础知识进行了全面复习。

此次小罗主要复习的重点是物流运输的定义，运输的作用，常见的几种货物运输方式以及当前我国物流运输的现状。

二、知识链接

1. 运输的定义

在物流中，运输指的是“物”的载运及输送。它是在不同地域范围间（如两个城市、两个工厂之间，或一个大企业内相距较远的两车间之间），以改变“物”的空间位置为目的的活动，是对“物”进行的空间位移。

2. 运输的作用

（1）保值作用

货物运输有保值作用。货物运输的使命就是保证产品从生产者到消费者移动过程中的质量和数量，起到产品的保值作用，即保护产品的存在价值，使该产品在到达消费者时使用价值不变。

（2）节约作用

合理的运输，能够节约自然资源、人力资源和能源，同时也能够节约费用。比如，集装箱化运输，可以简化商品包装，节省大量包装用纸和木材。

（3）缩短距离

货物运输可以克服时间间隔、距离间隔和人的间隔，这是货物运输的自然属性。例如，邮政部门改善货物运输，使信件大大缩短了时间距离，能做到隔天送达亚洲 15 个城市；日本的 7-11 配送中心可以做到上午 10 点前订货，当天送到。

（4）增强企业竞争力、提高服务水平

合理的运输管理可以实现零库存、零距离和零流动资金占用，提高服务质量，构筑企业供应链，增加企业核心竞争力。在经济全球化、信息全球化和资本全球化的 21 世纪，企业只有建立现代货物运输结构，才能在激烈的竞争中，求得生存和发展。

（5）加快商品流通、促进经济发展

现代运输可以大大加快商品流通的速度，提高消费者的购买欲望，从而促进国民经济的发展。同时，合理运输可以通过计算机系统将信息反馈给供货商和生产企业，可以形成一个高效率、高能量的商品流通网络，为企业管理决策提供重要依据。

（6）保护环境

简单举例，在城市外围多设几个货物运输中心、流通中心，大型货车不管白天还是晚上就都不用进城了，只利用小货车配送，夜晚的噪声就会减轻；政府重视货物运输，大力建设城市道路、车站、码头，城市的交通阻塞状况就会缓解，空气质量自然也会改善。

（7）创造社会效益和附加价值

合理运输不仅能提高劳动生产率，而且也能解放生产力。例如国内近年来开展的“宅急送”，都是为消费者服务的新行业，它们的出现使居民生活更舒适、更方便。

3. 常见的运输方式

(1)联合运输

这是指一次委托两家以上运输企业或用两种以上运输方式共同将一批货物送到目的地的运输方式。

(2)直达运输

这是指物品由发运地到接收地,中途不需要换装和在储存场所停滞的一种运输方式。

(3)中转运输

这是指物品由生产地运达最终使用地,中途经过一次以上落地并换装的一种运输方式。

(4)甩挂运输

这是指用牵引车拖带挂车至目的地,将挂车甩下后,换上新的挂车运往另一目的地的运输方式。

(5)集装运输

这是使用集装器具或利用捆扎方法把裸装物品、散粒物品、体积较小的成件物品组合成一定规格的集装单元进行的运输。

(6)集装箱运输

这是以集装箱为单元进行货物运输的一种货运方式。

(7)"门到门"运输

承运人在托运人的工厂或仓库整箱接货,负责运抵收货人的工厂或仓库整箱交货即为"门到门"运输。

(8)铁路运输

这是使用铁路设施、设备运送旅客和货物的一种运输方式。

(9)公路运输

这是使用公路设施、设备运送旅客和货物的一种运输方式。

(10)水路运输

这是使用船舶和排筏为运输工具,在江、河、湖、海等水域运送货物的一种运输方式。

(11)航空运输

这是使用飞机或其他飞行器运送货物的一种运输方式。

(12)管道运输

这是使用管道设施、设备来完成物品运输的运输方式。

(13)托盘运输

这是将成件物品堆垛在托盘上,连盘带货一起装入运输工具运送物品的运输方式。

(14)专业线运输

这是指在铁路总经管线网以外,与铁路营业网相衔接的企业或仓库自有的或向铁路部门租用的铁路上的运输。

4. 我国当前的物流运行现状

根据国家发展改革委、国家统计局、中国物流与采购联合会发布的全国物流运行情况通报，2013 年，我国物流运行总体平稳，物流需求规模保持较高增幅，物流业增加值平稳增长，但经济运行中的物流成本依然较高。

①社会物流总额较快增长。2013 年全国社会物流总额 197.8 万亿元，按可比价格计算，同比增长 9.5%，增幅比上年回落 0.3 个百分点。分季度看，1 季度增长 9.4%，上半年增长 9.1%，前三季度增长 9.5%，呈现由“稳中趋缓”向“趋稳回升”转变的态势。从构成情况看，工业品物流总额 181.5 万亿元，同比增长 9.7%，增幅比上年回落 0.3 个百分点。进口货物物流总额 12.1 万亿元，同比增长 6.4%，增幅比上年回落 1.3 个百分点。农产品物流总额同比增长 4.0%，增幅比上年回落 0.6 个百分点。受电子商务和网络购物快速增长带动，单位与居民物品物流总额保持快速增长态势，同比增长 30.4%，增幅比上年加快 6.9 个百分点；受绿色经济、低碳经济和循环经济快速发展带动，再生资源物流总额快速增长，同比增长 20.3%，增幅比上年加快 10.2 个百分点。

②社会物流总费用增速放缓。2013 年社会物流总费用 10.2 万亿元，同比增长 9.3%，增幅比上年回落 2.1 个百分点。社会物流总费用与 GDP 的比率为 18.0%，与上年基本持平。其中，运输费用 5.4 万亿元，同比增长 9.2%，占社会物流总费用的比重为 52.5%，与上年基本持平；保管费用 3.6 万亿元，同比增长 8.9%，占社会物流总费用的比重为 35.0%，同比下降 0.2 个百分点；管理费用 1.3 万亿元，同比增长 10.8%，占社会物流总费用的比重为 12.5%，同比提高 0.2 个百分点。

③物流业增加值平稳增长。2013 年全国物流业增加值 3.9 万亿元，按可比价格计算，同比增长 8.5%，增幅比上年回落 0.7 个百分点。物流业增加值占 GDP 的比重为 6.8%，占服务业增加值的比重为 14.8%。其中，交通运输物流业增加值同比增长 7.2%，增幅比上年回落 1.5 个百分点。贸易物流业增加值同比增长 9.5%，增幅比上年回落 0.3 个百分点。仓储物流业增加值同比增长 9.2%，增幅比上年回升 2.4 个百分点。邮政物流业增加值同比增长 33.8%，增幅比上年回升 7.1 个百分点。

三、小组讨论

①围绕物流运输的作用，进行举例说明。

②熟悉物流涉及的运输方式，并做好记录。

③了解当前我国物流运输的现状，以及物流运输的发展趋势，主要以互联网资讯为主，独立自主进行查阅与记录。

四、制订与实施方案

①以小组为单位（3 人一组），对学校附近的运输企业进行调查，记录企业的运输方式（要求 5 家以上企业），例如，德邦物流运输是以何种手段保证货物价值和缩短运输距离的。

②对所调研运输企业的现状进行分析，例如广西卷烟配送中心对南宁市城区与郊县所采取的运输方式各是什么，提交总结报告，字数不少于500字。

③按照调研报告，每组派代表上台展示。

④教师点评。

五、评价反馈

当一组同学操作时，另一组同学按照表1-1的评分标准进行评分。

任务评价表　　表1-1

班级：　　组别：　　姓名：

序号	作业项目	考核内容	配分	评分标准	评分记录	扣分	得分
1	调研企业数目	是否按要求进行调研	20	每漏一项扣4分，扣完为止			
2	调研内容	是否按要求填写记录，是否有针对性进行调研，是否涵盖运输的基本知识点	25	每少一流程扣5分			
				每个记录不全面扣1~4分			
3	调研报告	是否按要求提交报告，结构是否完整	30	每错、漏一项扣5分，扣完为止			
4	安全文明生产	是否掌握基本的沟通技巧	10	每项扣5分，扣完为止			
		调研报告或调研进况是否合理	10	存在一处不合理扣5分，扣完为止			
5	团队合作能力	团队合作意识，注重沟通，能自主学习及相互协作	5	不参加者或中途离开者扣2分			
6		合计	100				

学习活动2　运输方式选择与合理运输

学习目标

①掌握物流运输中几种常见的不合理运输方式，并能进行识别；

②掌握物流运输几种基本方式的特点，并进行比较；

③了解运输合理化的重要性；

④能够利用互联网资源进行相关信息的查询。

建议学时　4学时

学习地点　教室

学习准备　课本、笔记本、互联网资讯、多媒体设备、电脑

学习过程

一、任务引入

小罗在进行物流运输基础知识复习时，觉得复习得不够全面，因此小罗向导师进行咨询，进行查缺补漏。导师针对物流运输中常见的几种不合理运输、运输方式的选择和运输合理化的知识点进行提问。

小罗非常感谢导师的帮助，认真地对导师提出的几点问题进行回答，并利用互联网资源，查找相关的图片和视频，巩固已学知识，拓展自己的知识面。

二、知识链接

1. 运输方式的选择

(1) 五种基本运输方式

①公路运输：指主要使用汽车，也使用其他车辆（如人、畜力车）在公路上进行货物运输的一种方式，常见的公路运输如图 1-1 所示。公路运输主要承担近距离、小批量的货运以及水路、铁路运输难以到达地区的长途、大批量货运及铁路、水路运输优势难以发挥的短途运输。

②铁路运输：指使用铁路列车运送货物的一种运输方式。铁路运输主要承担长距离、大数量的货运，在没有水路运输条件的地区，几乎所有大批量货物都是依靠铁路，是在干线运输中起主力运输作用的运输形式。常见的铁路运输如图 1-2 所示。

图 1-1　公路运输

图 1-2　铁路运输

③水路运输：指使用船舶运送货物的一种运输方式。水路运输主要承担大数量、长距离的运输，是在干线运输中起主力作用的运输形式。水路运输有沿海、近海、远洋、内河四种运输形式。常见的水路运输如图 1-3 所示。

④航空运输：指使用飞机或其他航空器进行运输的一种形式。主要适合运载两类

货物：一是价值高、运费承担能力很强的货物；二是紧急需要的物资。主要有班机、包机、集中托运三种运输方式。常见的航空运输如图1-4所示。

图1-3　水路运输

图1-4　航空运输

⑤管道运输：指利用管道输送气体、液体和固体料浆的一种运输方式。常见的管道运输如图1-5所示。

图1-5　管道运输

（2）各种运输方式的优缺点对比（表1-2）

运输方式优缺点对比　　表1-2

运输方式	优　点	缺　点
铁路运输	1. 运行速度快； 2. 运输能力大； 3. 铁路运输过程受自然条件限制较小，连续性强，能保证全年运行； 4. 通用性能好，即可运客又可运各类不同货物； 5. 铁路客运时间准确性较高； 6. 火车运行平稳，安全可靠； 7. 运输成本相对低，能耗较少	1. 投资太高； 2. 建设周期长； 3. 噪声较大

续上表

运输方式	优　　点	缺　　点
公路运输	1. 可以直接把货物从发货处送到收货处，实行门对门一条龙服务； 2. 适于近距离运输，而且近距离运输费用较低； 3. 容易装车； 4. 适应性强，可作为其他运输方式的衔接手段，易于衔接铁路、水路运输以及航空运输，有利于疏通商品，是综合运输体系的重要组成部分，是物资集散的有效工具	1. 不适宜大批量运输，公路运输的经济半径一般在200km以内； 2. 长距离运输运费相对昂贵； 3. 易污染环境，发生事故； 4. 消耗能量多
水路运输	1. 运输能力最大； 2. 在运输条件良好的航道，通过能力几乎不受限制； 3. 通用性能好，可运客也可运货物，尤其是大物件； 4. 水运建设投资小，运输成本低； 5. 平均运行距离长	1. 受自然条件影响较大； 2. 运送速度慢； 3. 安全性较低
航空运输	1. 速度快； 2. 路程短； 3. 基建成本低； 4. 客运能力大； 5. 安全性较高	1. 运输成本高，价格高； 2. 受天气限制大； 3. 遇紧急事故不易处理； 4. 飞机占地面积大
管道运输	1. 运量大； 2. 占地少； 3. 建设周期短，费用低； 4. 安全可靠，连续性强； 5. 耗能少，成本低，效益好； 6. 受外界因素影响小	1. 灵活性差，也不容易随便扩展管线； 2. 管道运输常常与铁路、公路或水路配合才能完成输送； 3. 运输量不足时，成本会增加

2. 常见的几种不合理运输

不合理运输是在现有条件下可以达到的运输水平而未达到，从而造成运力浪费、运输时间增加、运费超支等问题的运输形式。目前我国存在主要不合理运输形式有以下几种。

①返程或起程空驶。空车无货载行驶，可以说是不合理运输的最严重形式。在实际运输组织中，有时候必须调运空车，从管理上不能将其看成不合理运输。

②对流运输。亦称“相向运输”、“交错运输”，指同一种货物，或彼此间可以互相代用而又不影响管理、技术及效益的货物，在同一线路上或平行线路上作相对方向的运

送，而与对方运程的全部或一部分发生重叠交错的运输称对流运输。

③迂回运输。指可以选取短距离进行运输而却选择路程较长路线进行运输的一种不合理形式。迂回运输有一定复杂性，只有当计划不周、地理不熟、组织不当而发生的迂回，才属于不合理运输，如果最短距离有交通阻塞、道路情况不好或有对噪声、排气等特殊限制而不能使用时发生的迂回，不能称不合理运输。

④重复运输。本来可以直接将货物运到目的地，但是在未达目的地之处，或在目的地之外的其他场所将货卸下，再重复装运送达目的地，这是重复运输的一种形式。另一种形式是，同品种货物在同一地点一面运进，同时又向外运出。重复运输的最大弊端是增加了非必要的中间环节，这就延缓了流通速度，增加了费用，增大了货损。

⑤倒流运输。指货物从销地或中转地向产地或起运地回流的一种运输现象。其不合理程度要甚于对流运输，其原因在于，往返两程的运输都是不必要的，形成了双程的浪费。倒流运输也可以看成是隐蔽对流的一种特殊形式。

⑥过远运输。指调运物资舍近求远，近处有资源不调而从远处调，这就造成可采取近程运输而未采取，拉长了货物运距的浪费现象。过远运输占用运力时间长、运输工具周转慢，物资占压资金时间长，远距离自然条件相差大，又易出现货损，增加了费用支出。

⑦运力选择不当。未选择各种运输工具优势而不正确地利用运输工具造成的不合理现象，常见有以下若干形式。

a. 弃水走陆。在同时可以利用水运及陆运时，不利用成本较低的水运或水陆联运，而选择成本较高的铁路运输或汽车运输，使水运优势不能发挥。

b. 铁路、大型船舶的过近运输。不是铁路及大型船舶的经济运行里程却利用这些运力进行运输。其主要不合理之处在于火车及大型船舶起运及到达目的地的准备、装卸时间长，且机动灵活性不足，在过近距离中利用，发挥不了运速快的优势。

c. 运输工具承载能力选择不当。不根据承运货物数量及质量选择，而盲目决定运输工具，造成过分超载、损坏车辆及货物不满载、浪费运力的现象。尤其是“大马拉小车”现象发生较多。由于装货量小，单位货物运输成本必然增加。

⑧托运方式选择不当。对于货主而言，在可以选择更好的托运方式而未选择，造成运力浪费及费用支出加大的一种不合理运输。

3. 运输合理化

(1)合理化运输的表现形式

①分区产销平衡。

分区产销平衡就是在组织物流活动时，对某些产品使其在一定的生产区域同定于一定的消费区，实行这一办法对于加强产、供、运、销的计划性，消除过远运输、迂回运输、对流运输等不合理运输，充分用地方资源，促进生产合理布局，节约运力，降低物流成本部有十分重要的意义。

②直达运输。

在组织运输过程中，跨过商业、物资仓库或其他中间环节，把货物从运地直接一步到位运到销地或用户手中,减少中间环节。随着市场经济的发展,企业为了降低流通费用,采用直达运输的比例在迅速提高,这为减少物流中间环节,提高物流效益和生产经营效益都有重要作用。

③提高“装载量”。

这种办法可以最大限度地利用运载工具的装载吨位和装载客积,提高运输能力和车辆的运量。主要方法有:a. 实行分单体运输;b. 组织轻重配装;c. 提高堆码技术;d. 合装整车,也叫“零担”,拼装整车中转分运。

④推进综合运输

精心规划、统筹兼顾、大力发展综合运输体系,推进联合运输方式,增强运输生产能力,缓解交通运输紧张。实现综合运输体系将改变这一步协调不平衡的状况,大幅度提高运输能力。

(2)合理化运输的作用

运输合理化的重要作用可归结如下。

①合理组织货物运输,有利于加速社会再生产的进程,促进国民经济持续、稳定、协调地发展。按照市场经济的基本要求,组织货物的合理运输,可以使物质产品迅速地从生产地向消费地转移,加速资金的周转,促进社会再生产过程的顺利进行,保持国民经济稳定、健康地发展。

②货物的合理运输,能节约运输费用,降低物流成本。物流过程的合理运输,就是通过运输方式、运输工具和运输路线的选择,进行运输方案的优化,实现运输合理化。运输合理化必然会达到缩短运输里程,提高运输工具的运用效率,从而达到节约运输费用、降低物流成本的目的。

③合理的运输,缩短了运输时间,加快了物流速度。运输时间的长短决定着物流速度的快慢。合理组织运输活动,可使被运输的货物在途时间尽可能缩短,使到货及时,因而可以降低库存商品的数量,实现加快物流速度的目标。

④运输合理化,可以节约运力,缓解运力紧张的状况,还能节约能源。运输合理化克服了许多不合理的运输现象,从而节约了运力,提高货物的通过能力,起到合理利用运输能力的作用。

三、小组讨论

①认识五种基本的运输方式,将他们之间的优缺点进行比较,并举例说明何种货物适合采用何种运输方式。

②简述几种不合理的运输方式,并举例说明,例如常见的空车返程。

③理解运输合理化的几种表现形式,并理解其作用。

④利用互联网资源,查阅相关运输的图片,并展示给其他同学欣赏。

四、制订与实施方案

①以小组为单位(3 人一组),对学校附近的运输企业进行调查,记录企业的运输方

式,(要求5家以上企业)。

②对所调研运输企业的现状进行分析,对比是否存在不合理的地方,对此提出解决办法。

③对调研的企业进行拍摄(在企业允许的情况下),提交调研总结报告,字数不少于500字。

④按照调研报告,每组派代表上台展示。

⑤教师点评。

五、评价反馈

当一组同学操作时,另一组同学按照表1-3的评分标准进行评分。

任务评价表　　表1-3

班级:　　组别:　　姓名:

序号	作业项目	考核内容	配分	评分标准	评分记录	扣分	得分
1	调查企业数目	是否达到5家以上企业	20	每错、漏一项扣4分,扣完为止			
2	调研内容	是否按要求进行调研、记录	25	每少一流程扣5分			
				每个流程作业不全面扣1~4分			
3	调研报告	是否含有照片,内容是否合理	30	每错、漏一项扣5分,扣完为止			
4	安全文明生产	遵守安全操作规程,正确使用设备,操作现场整洁	10	每项扣5分,扣完为止			
		安全用电,防火,无人身、设备事故	10	因违规操作发生重大人身和设备事故,此项按0分计			
5	团队合作能力	团队合作意识,注重沟通,能自主学习及相互协作	5	不参加者或中途离开者扣2分			
6	合计		100				

学习项目2　公路运输

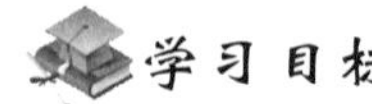学习目标

①了解公路货物运输分类、作用；

②掌握整车运输的定义、特点和业务流程；

③掌握零担运输的定义、特点和业务流程；

④认识公路货运的相关单证并能熟练填制；

⑤能够计算公路货运涉及的运费问题，了解公路货运涉及的其他费用；

⑥利用互联网资源，收集相关图片和信息，拓展知识面。

建议学时

20学时

学习活动1　公路运输认知

学习目标

①了解公路运输的组织形式和特点；

②掌握公路货物运输的一般业务流程；

③了解当前我国公路货运的运输情况；

④能够利用互联网资源，收集相关公路运输的图片和视频。

★ **建议学时**　4学时

★ **学习地点**　教室

★ **学习准备**　课本、笔记本、互联网资讯、多媒体设备

学习过程

一、任务引入

小罗经过努力,成功进入心仪的企业实习。公司指定韦主管对小罗进行带教。首先,韦主管要对小罗的公路运输知识进行考核,包括公路运输涉及的组织形式,公路运输的运输方式,公路货物运输的业务流程以及我国当前的公路运输状况。只有通过理论知识考核,韦主管才同意小罗参与到业务工作中。

小罗针对韦主管提出的问题,进行系统详细的解答,并得到韦主管的认可。

二、知识链接

1. 公路运输概述

(1)公路运输的组织

公路运输的组织和经营方式主要有以下4种:

①将车辆出租给用户定次、定程或定期使用;

②根据运输合同或协议派车完成运输任务,一般用于货物运输;

③组织定线、定站、定时的客货运班车,客运班车是公路汽车旅客运输的主要形式;货运班车是汽车零担货物运输的主要形式,因此一般为零担货运班车;

④按用户托运货物的要求,调派、组织车辆合理运输。

(2)公路运输的方式

①集装箱汽车运输,指采用集装箱为容器,使用汽车运输;

②笨重物件运输,指因货物的体积、质量要求,需要大型或专用汽车运输;

③快件货物运输,指在规定的距离和时间内将货物运达目的地;应托运人要求,采取托运,为特快件货物运输;

④出租汽车货运,采用装有出租营业标志的货运汽车,供货主临时雇用,按时间、里程和规定费率收取运费;

⑤搬家货物运输,为个人或单位搬迁提供运输和搬运装卸服务,并按规定收取费用;

⑥危险货物运输,指承运《危险货物品名表》列名的易燃、易爆、有毒、有腐蚀性、有放射性等危险货物和虽未列入《危险货物品名表》但具有危险货物性质的新产品。

2. 公路货物运输的作业流程

公路货物运输的作业流程图如图2-1所示。

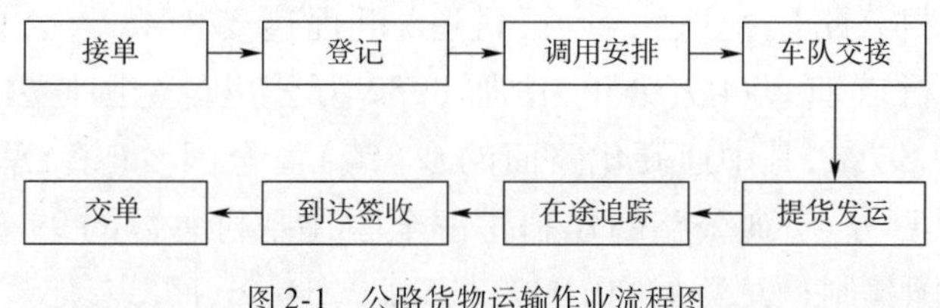

图2-1 公路货物运输作业流程图

(1)接单

公路运输主管从客户处接收(传真)运输发送计划,公路运输调度从客户处接出库提货单证;核对单证。

(2)登记

运输调度在登记表上分送货目的地,分收货客户标定提货号码;驾驶员(指定人员及车辆)到运输调度中心拿提货单,并在运输登记本上确认签收。

(3)调用安排

填写运输计划;填写运输在途、送到情况、追踪反馈表;电脑输单。

(4)车队交接

根据送货方向、质量、体积,统筹安排车辆;报运输计划给客户处,并确认到厂提货时间。

(5)提货发运

按时到达客户提货仓库;检查车辆情况;办理提货手续;提货,盖好车棚,锁好箱门;办好出厂手续;电话通知收货客户预达时间。

(6)在途追踪

建立收货客户档案;驾驶员及时反馈途中信息;与收货客户电话联系送货情况;填写跟踪记录;有异常情况及时与客户联系。

(7)到达签收

电话或传真确认到达时间;驾驶员将回单用 EMS 或传真运输公司;签收运输单;定期将回单送至客户处;将当地市场的住处及时反馈给客户。

(8)交单

按时准确到达指定卸货地点;货物交接;百分之百签收,保证运输产品的数量和质量与客户出库单一致。

3. 我国公路运输现状

2013 年全国营业性客运车辆完成公路客运量 185.35 亿人,旅客周转量 11 250.94 亿人公里,按可比口径比上年分别增长 4.2% 和 1.0%,平均运距 60.70km。全国营业性货运车辆完成货运量 307.66 亿吨,货物周转量 55 738.08 亿吨公里,按可比口径比上年分别增长 10.9% 和 11.2%,平均运距 181.16km。

2013 年全国高速公路里程达 10.44 万公里,比上年末增加 0.82 万公里(图 2-2)。其中,国家高速公路 7.08 万公里,增加 0.28 万公里。全国高速公路车道里程 46.13 万公里,增加 3.67 万公里。

2013 年全国农村公路(含县道、乡道、村道)里程达 378.48 万公里,比上年末增加 10.64 万公里,其中村道 214.74 万公里,增加 8.52 万公里。全国通公路的乡(镇)占全国乡(镇)总数的 99.97%,其中通硬化路面的乡(镇)占全国乡(镇)总数的 97.81%,比上年末提高 0.38 个百分点;通公路的建制村占全国建制村总数的 99.70%,其中通硬化路面的建制村占全国建制村总数的 89.00%,提高 2.54 个百分点。

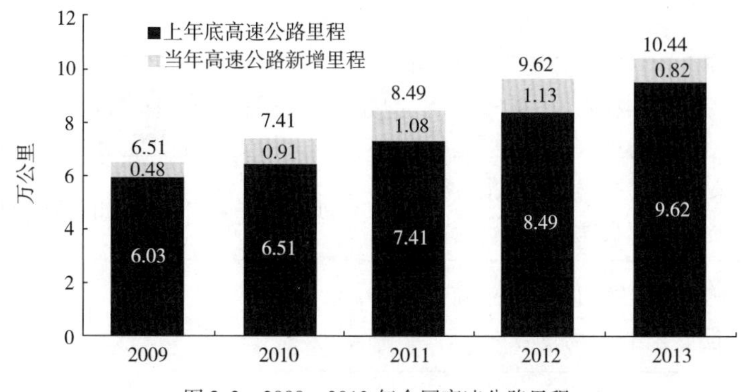

图 2-2　2009 ~ 2013 年全国高速公路里程

三、小组讨论

①回忆上一节中学习的关于公路运输的特点。

②陈述公路运输的 4 种组织和经营方式,并举例说明。

③陈述公路货物运输的一般作业流程。

④讨论当前公路运输涉及的几种运输方式,并掌握几种运输方式涉及的设施设备。

四、制订与实施方案

①以小组为单位(3 人一组),对学校附近的公路运输企业进行调查,记录企业拥有的运输车辆的情况(要求 5 家以上企业)。

②对所调研运输企业的现状进行分析,掌握该企业主要的运输路线,对此提出解决办法。

③对调研的企业进行拍摄(在企业允许的情况下),提交调研总结报告,字数不少于 500 字。

④按照调研报告,每组派代表上台展示。

⑤教师点评。

五、评价反馈

当一组同学操作时,另一组同学按照表 2-1 的评分标准进行评分。

任 务 评 价 表　　表 2-1

班级:　　组别:　　姓名:

序号	作业项目	考 核 内 容	配分	评 分 标 准	评分记录	扣分	得分
1	调研企业数目	是否按要求达到调研数目	20	每错、漏一项扣 4 分,扣完为止			
2	调研内容	是否按要求调研企业的车辆情况和企业经营情况	25	每少一流程扣 5 分			
				每个流程作业不全面扣 1 ~ 4 分			

续上表

序号	作业项目	考核内容	配分	评分标准	评分记录	扣分	得分
3	调研报告	是否拍摄照片，调研报告是否充实以及合理	30	每错、漏一项扣5分，扣完为止			
4	安全文明生产	遵守安全操作规程，正确使用设备、操作现场整洁	10	每项扣5分，扣完为止			
		安全用电，防火，无人身、设备事故	10	因违规操作发生重大人身和设备事故，此项按0分计			
5	团队合作能力	团队合作意识，注重沟通，能自主学习及相互协作	5	不参加者或中途离开者扣2分			
6	合计		100				

学习活动2　整车货物运输认知

学习目标

①了解整车货物运输的定义、特点和表现形式；

②掌握整车货物运输的业务流程；

③了解整车货物运输货物的形式。

建议学时　4学时

学习地点　教室

学习准备　课本、笔记本、互联网资讯、多媒体设备

学习过程

一、任务引入

小罗得到韦主管的认可，让她熟悉企业基本情况并认识同事。当日，企业接到某顾客整车货物运输的订单，韦主管让小罗参与到这项工作当中。首先考核小罗对整车货物运输的认知；其次，让小罗更快地融入企业工作的氛围当中。

小罗为了圆满完成韦主管交给的任务，她对整车货物运输进行了系统的复习，并牢牢记住重点知识，包括整车货物运输的定义、特点、形式，货物的属性以及涉及的业务流程。

二、知识链接

1. 整车货物运输的定义

整车货物运输是指托运一批次货物至少占用一节货车车皮或公路运输的一辆载货汽车进行铁路或公路运输。

2. 整车货物运输的表现形式

整车货物运输的表现形式主要有两种：

一是整车直达，按货车载重标准吨数和运输里程向托运单位收费；

二是整车分卸，即起运站和运输方向相同，到达站不同的货物拼凑成整车，依次到达不同站分别卸货。运输部门按货车载重标准吨数和到达站最远里程数向托运单位收费。

3. 整车货物运输的业务流程

整车货物运输业务流程如图2-3所示。

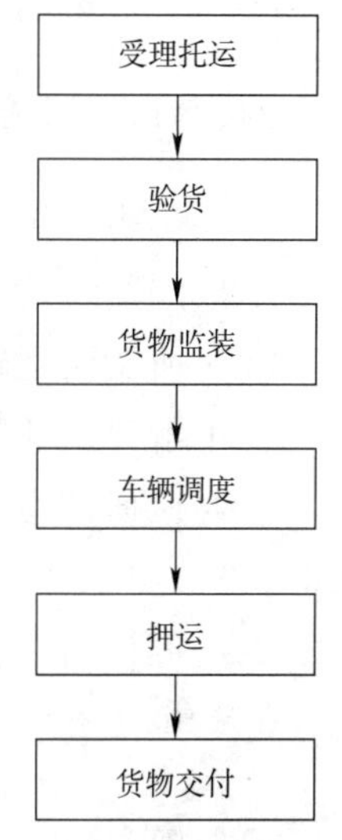

图2-3 整车货物运输业务流程图

(1)受理托运

要求托运人签填托运单并审核托运单内容(必须检查运输凭证)；然后确定货物运输里程和运杂费，并进行托运编号及分送。

(2)验货

要对以下四个方面进行检查：

①运单上的货物是否已处于待运状态(系统内部可以查验)。

②装运的货物数量、发运日期有无变更。

③货物的包装是否符合运输要求。

④装卸场地的机械设备、通行能力是否完好。

(3)货物监装

要求车辆到达装货点，监装员根据运单内容和发货人联系确定交货；货物装车前，监装员检查货物包装情况；装车完毕后，应清查货位，检查有无错装、漏装。

(4)车辆调度

应根据实际任务进行调度安排，包括发布调度命令、等级调度、交付调度命令等。

(5)押运

掌握押运途中的路情和社会治安保卫力量情况；拟订预案；送请领导签字；事前检查；依章行进；沉着应急，妥善排障。

(6)货物交付

货物交付包括以下环节：清点监卸、检查货票是否相符、收货人开具作业证明，签收、发现货物缺失，做记录，开具证明、处理货物事故。

4. 整车货物运输的注意事项

①这一时期，车辆必须按时到达发货点，驾驶员应负责点数、监装、重新整理。

②在承运货物时，要有发货人开具的与实物相符的发货票和随车移转的文件、单据。

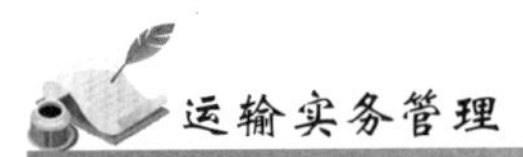

③货物运抵目的地，驾驶员应向收货人交清货物，加盖单位公章。

④交货时，发现问题要做好原始记录（往往都要求签字）。

⑤货物运到后，凭有效证件提货。

⑥货物交付时，承运人与收货人做好交接工作，发现问题，签字确认。

⑦交接时，对货物的质量和内容进行查验（一般是先扫码确认货物，而后进行抽查）。

三、小组讨论

①小组讨论整车货物运输的定义、特点、表现形式，并用自己的语言进行叙述。

②整车货物运输的业务流程包括几个环节，它们的业务流程顺序如何排列等。

③常见的整车货物运输的货物有哪些？请列举6个以上实例。

④正常货物运输的注意事项包括哪些内容？

四、制订与实施方案

①以小组为单位（3人一组），对学校附近的整车货物运输企业进行调查，记录企业主要承接的货物情况（要求5家以上企业）。

②对所调研运输企业的现状进行分析，掌握该企业主要的运输路线和货物属性。

③了解该企业整车货物运输的业务流程，对比知识点并进行梳理。

④对调研的企业进行拍摄（在企业允许的情况下），提交调研总结报告，字数不少于500字。

⑤按照调研报告，每组派代表上台展示。

⑥教师点评。

五、评价反馈

当一组同学操作时，另一组同学按照表2-2的评分标准进行评分。

任务评价表 表2-2

班级： 组别： 姓名：

序号	作业项目	考核内容	配分	评分标准	评分记录	扣分	得分
1	调研企业数目	是否按要求达到5家以上	20	每错、漏一项扣4分，扣完为止			
2	调研内容	是否按要求记录，是否掌握企业运营的货物属性与流程	25	每少一流程扣5分			
				每个流程作业不全面扣1~4分			
3	调研报告	是否含有拍摄照片，报告是否完整	30	每错、漏一项扣5分，扣完为止			

续上表

序号	作业项目	考核内容	配分	评分标准	评分记录	扣分	得分
4	安全文明生产	遵守安全操作规程,正确使用设备,操作现场整洁	10	每项扣5分,扣完为止			
		安全用电,防火,无人身、设备事故	10	因违规操作发生重大人身和设备事故,此项按0分计			
5	团队合作能力	团队合作意识,注重沟通,能自主学习及相互协作	5	不参加者或中途离开者扣2分			
6	合计		100				

学习活动3 零担货物运输认知

学习目标

①了解零担货物运输的定义、特点和表现形式;

②掌握零担货物运输的业务流程;

③了解零担货物运输货物的特点。

建议学时 4学时

学习地点 教室、实训室

学习准备 课本、笔记本、互联网资讯、多媒体设备、货物模型、电脑、纸板

学习过程

一、任务引入

小罗出色地完成了任务,并得到韦主管的赞许。因为企业业务繁忙,韦主管希望小罗除了参与整车货物运输的业务外,还可以参与到零担货物运输当中,因为目前公司的公路运输主要以零担运输为主。

小罗为了不辜负韦主管的期望,对零担货物运输的知识点进行系统复习,包括零担运输的定义、特点、表现形式、涉及的业务流程。

二、知识链接

1.零担货物运输的定义

所谓零担货物,是指一张货物运单(一批)托运的货物质量或容积不够装一车的货

物(即不够整车运输条件)。

零担货物托运规定:为便于配装和保管,每批零担货物不得超过300件,每一件零担货物的体积最小不得小于0.02m³(一件质量在10kg以上的除外)。

2. 零担运输的组织形式

①直达零担车:指在起运站将不同发货人托运至同一到站,且性质适宜配载的各种零担货物,同时装运至到达地的运输组织形式。

②中转零担车:指在起运站将不同发货人同一方向不同到站,且性质适宜配载的各种零担货物,同时装运至规定的中转站,以便另行配送,继续零担货物运输过程的运输组织形式。

③沿途零担车:指在起运站将各个发货人托运同一条线路、不同到站,且性质适宜配装的各种零担货物,同车装运至沿途各计划作业点,卸下或装上零担货物后继续行驶,直至最终到站的运输组织形式。

3. 零担运输的业务流程

零担运输的业务流程如图2-4所示。

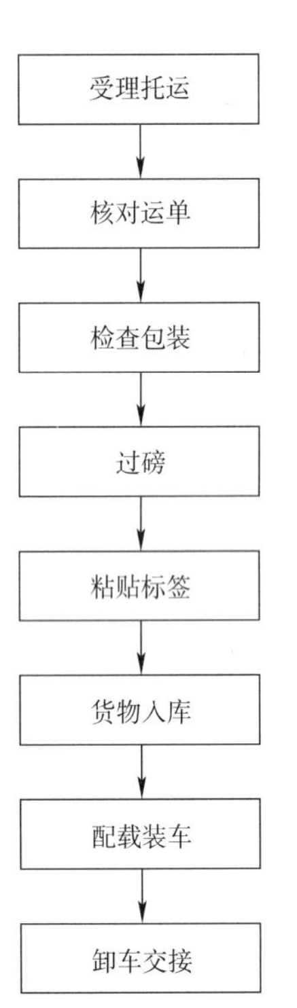

图2-4 零担运输业务流程图

(1)受理托运

要求公布办理零担的线路、站点、班期及里程运价;张贴托运须知;办理托运。

(2)核对运单

核对托运单有无涂改;核对到站与收货人地址是否相符;鉴别货物品名和属性;核对包装、件数、包装标志;核对是否有夹带受限物品。

(3)检查包装

检查包装优劣;发现应包装的货物没有包装或应有内包装而无包装的应该重新包装。

(4)过磅

过磅、量方作业;司磅、收货人在托运单上签字。

(5)粘贴标签

认真填写标签内容;在每件货物两端或正侧明显出贴。

(6)货物入库

验收货物;保持仓库整洁;以票对货,票票不漏,待运货物要入库;库房要通风、防潮、防火。

(7)配载装车

按车辆载重和货物情况进行配载;将各种随货单附于交接清单后;核对货物对方位置、标识;装车。

(8)卸车交接

到站,交接货物交接单和有关单证;卸车完毕,办理交接手续,催促收货人前来提货。

4. 零担公路运输的注意事项

①零担托运受限条件多。

②受理托运方法：随时受理制、预先审批制、日历承运制。

③检查每件货物是否有货物标识。

④运单和货物标识内容是否完全一致。

⑤不能用信用、白条交付货物。

⑥交货时，应持有货物清单有关凭证。

三、小组讨论

①零担货物运输的定义、特点、表现形式是什么，请叙述。

②零担运输的业务流程包含哪些环节，请按照顺序叙述。

③零担运输的注意事项有哪些，请陈述。

④零担运输与整车运输的业务流程的区别是什么，请绘制图表进行比较。

四、制订与实施方案

①模拟零担货物运输的业务流程，以 8 人为一小组，分别扮演托运人、收货人、受理员、司磅员、理货员、驾驶员。

②既定任务背景，如表 2-3 所示。

此次运输货物信息表　　表 2-3

<table>
<tr><th>品名</th><th>质量（kg）</th><th>体积（m^3）</th><th>件数（件）</th><th>单件价值（元）</th><th>发货方</th><th>收货方</th></tr>
<tr><td>康师傅方便面</td><td>5</td><td>0.040</td><td>150</td><td>48</td><td rowspan="2">上海食品厂</td><td rowspan="2">北京 A 超市</td></tr>
<tr><td>旺旺雪饼</td><td>3</td><td>0.040</td><td>90</td><td>76</td></tr>
<tr><td>心相印卷纸</td><td>3</td><td>0.040</td><td>180</td><td>40</td><td>上海日用品制造厂</td><td>北京 B 超市</td></tr>
<tr><td>长城干葡萄酒</td><td>8</td><td>0.035</td><td>100</td><td>750</td><td rowspan="3">上海饮料供应商</td><td rowspan="3">北京 C 超市</td></tr>
<tr><td>罐装王老吉</td><td>10</td><td>0.030</td><td>250</td><td>72</td></tr>
<tr><td>娃哈哈矿泉水</td><td>5</td><td>0.035</td><td>200</td><td>48</td></tr>
</table>

③各小组按照业务流程顺序以及零担货物运输要求，选择合适吨位车辆以及装卸方式进行现场模拟，其余小组观摩并进行评价。

④提交总结报告，内含设计说明书，实施步骤，问题分析与解决方法，总结。

⑤按照已制订好的方案来进行练习，每组派代表上台总结。

⑥教师点评。

五、评价反馈

当一组同学操作时，另一组同学按照表 2-4 的评分标准进行评分。

任务评价表　　　　表2-4

班级：　　　　　　　　　　　　组别：　　　　　　　　　　　　姓名：

序号	作业项目	考核内容	配分	评分标准	评分记录	扣分	得分
1	设计说明书	是否角色分配合理，是否含有实施具体步骤	20	每错、漏一项扣3分，扣完为止			
2	模拟演练	是否按要求进行模拟演练，是否存在不合理之处	25	每少一流程扣5分			
				每个流程作业不全面扣1～4分			
3	总结报告	是否按要求提交总结报告	30	每错、漏一项扣5分，扣完为止			
4	安全文明生产	遵守安全操作规程，正确使用设备、操作现场整洁	10	每项扣5分，扣完为止			
		安全用电，防火，无人身、设备事故	10	因违规操作发生重大人身和设备事故，此项按0分计			
5	团队合作能力	团队合作意识，注重沟通，能自主学习及相互协作	5	不参加者或中途离开者扣2分			
6	合计		100				

学习活动4　公路运输运单的填制与应用

学习目标

①掌握公路运单的概念、作用；

②了解常见的公路运单的种类；

③熟悉公路运单填制的相关原则和注意事项；

④能独立填制公路货物运输的相关单证。

建议学时　4学时

学习地点　实训室

学习准备　课本、笔记本、互联网资讯、多媒体设备

学习过程

一、任务引入

小罗在进行公路运输的业务实习中，经常接触相关的运输单证，根据学校学习的理

论知识,小罗在韦主管的帮助下,渐渐熟悉这些运输单证的种类,并可以根据单证的内容进行识别,也可以独立进行运输单证的填制。

根据学校学习的理论知识和工作经验,小罗对所接触的运输单证进行总结,包括运输单证的定义、种类以及填制单证的注意事项。

二、知识链接

1. 公路货物运单的概念

公路货物运单是公路货物运输以及运输代理的合同凭证,是运输经营者接受货物并在运输期间负责保管和据以交付的凭据,也是记录车辆运行和行业统计的原始凭证。常见的公路货物运单如图2-5所示。

上海振财物流有限公司货物托运单

托运日期:　　　　年　月　日　　　起运站:　　　　到达站:　　　　　　Ne 0000001

收货单位					联系人			
详细地址					电话/手机			
货物名称	件数	包装	质量	体积	保险金额	保险费	运费	合计
总运费金额	万　仟　佰　拾　元整　¥:							
付款方式	预付:　到付:　回结:				送货方式	送货(　)　自提(　)		
备注								
运输协议	1. 请托运方认真阅读以下运输协议,在您签字后说明您已无异议。 2. 托运人应如实申报货物名称和重量,不得夹带易燃、易爆、剧毒等违禁物品,否则所引起的一切后果由托运方全部负责。 3. 承运方不开箱验货,交接货物时以外包装壳好为准,在外包装壳好的情况下内包装缺损和丢失与承运方无关。 4. 收货人收获时应对货物认真清点验收,如发现货物丢失、损坏(不可抗力除外)应当场要求索赔,收货人在收到货物签收后,货损、丢失承运方概不负责。 5. 托运人或收货人不按时支付运杂费,承运方有权拒运或留置其货物,若一个月后仍不提货,按无主货物处理。 6. 托运人需变更到货地点或收货人,应在货物未运达目的地之前书面通知承运方,并承担由此增加的费用。 7. 托运人对所托运货物必须参加保险,如不参加保险承运方在运输中若发生重大货损,其最高赔偿额按照运费的3倍理赔。								
托运单位 联系电话 托运方签章					承运人签章			

第一联存根(白)　第二联客户(黄)　第三联跟车(蓝)

欢迎访问本公司网站 http//www.longhaowl.com　业务电话:×××××××　货物查询:×××××××

图2-5　常见的公路货物运单

2. 公路运单的种类

(1)甲种运单

此类运单适用于普通货物运输、大件货物运输、危险货物运输。

(2)乙种运单

此类运单适用于集装箱运输。

(3)丙种运单

此类运单适用于零担货物运输。

3. 公路运单的使用流转程序

(1)甲、乙两种道路货物运单的流转程序

第一联存根,作为领购新运单和行业统计的凭据;第二联托运人存查联,交托运人存查,作为运输合同由当事人一方保存;第三联承运人存查联,交承运人存查并作为运输合同由当事人另一方保存;第四联随货同行联,作为载货运行核算运杂费的凭证,货物运达经收货人签收后,作为交付货物的依据。

(2)丙种道路货物运单流转程序

第一联存根,作为领购新运单和行业统计的凭据;第二联托运人存查联,交托运人存查,作为运输合同由当事人一方保存;第三联提货联,由托运人邮寄给收货人,凭此联提货;第四联运输代理人存查联,交运输代理人存查并作为运输合同由当事人另一方保存;第五联随货同行联,作为载货同行和核算运杂费的凭证,货物运达经货运站签收后,作为交付货物的依据。

丙种道路货物运单与汽车零担货物交接清单配套使用。

4. 填制公路运输运单的注意事项

①一张托运单的货物,必须是同一托运人、收货人、装货地、卸货地点。

②易腐、易碎、易溢漏货物不能与普通货物用同一张运单。

③托运人要自行装卸的货物,经承运人确认后,在运单内注明。

④托运政府限运和国家有关部门查验的货物,应附有关准运证明和检验证明,并在运单中注明。

⑤应使用钢笔或者圆珠笔填写,字迹清楚,内容准确。

⑥已填运单如有修改,须在更改处签字盖章。

⑦准确填写托运人和收货人名称(姓名)和地址(住所)、电话、邮政编码。

⑧准确表明货物的名称、性质、件数、质量、体积以及包装方式。

⑨一张运单托运的货物必须是同一托运人,对拼装分卸的货物应将每一拼装货分卸情况在运单记事栏内注明。

⑩一张托运单托运的件货,凡不具备品名、规格、包装信息的,应提交物品清单。

⑪托运集装箱,应注明箱号和铅封印文号码。

⑫托运轻泡货物需折算。

⑬托运人要求自理装卸车的货物,经承运人确认后,在运单内注明。

⑭托运人委托承运人代递有关证明文件或单据,须在托运人记事栏内注明名称和份数。

⑮托运有特殊要求的货物,在运单托运人记事栏内注明商定的运输条件和特约事项。

⑯托运人必须准确填写运单的各项内容,字迹要清楚。对所填写的内容及所提供有关证明文件的真实性负责,并须签字盖章。

⑰托运人不如实填写运单,错报、误报货物名称或装卸地点,造成承运人错送、装货落空以及由此引起的其他损失,托运人应该负赔偿责任。

⑱货物不一致的,须填写货物清单。

三、小组讨论

①叙述常见的公路运单有哪几种,并提供相应的图片依据。

②分别叙述甲乙丙三类公路货物运单的流转程序。

③掌握公路运单填制的注意事项,并进行陈述。

四、制订与实施方案

①以小组为单位,通过互联网或者实际调研,调查公路货物运输运单的种类。

②根据调研资讯,整理图片,制作相关的公路运输运单,如图 2-5 所示。

③小组交叉填写所制作的公路运单,并按要求进行评比界定。

④按照已制订好的方案来进行练习,并每组派代表上台展示。

⑤教师点评。

五、评价反馈

当一组同学操作时,另一组同学按照表2-5的评分标准进行评分。

任 务 评 价 表　　　　表2-5

班级:　　　　组别:　　　　姓名:

序号	作业项目	考核内容	配分	评分标准	评分记录	扣分	得分
1	运单调查情况	是否按要求达到5种以上	20	每错、漏一项扣3分,扣完为止			
2	运单制作	是否制作合理,规范	25	每少一流程扣5分			
				每个流程作业不全面扣1~4分			
3	运单填制	是否符合要求	30	每错、漏一项扣5分,扣完为止			

续上表

序号	作业项目	考 核 内 容	配分	评 分 标 准	评分记录	扣分	得分
4	安全文明生产	遵守安全操作规程，正确使用设备、操作现场整洁	10	每项扣5分，扣完为止			
		安全用电，防火，无人身、设备事故	10	因违规操作发生重大人身和设备事故，此项按0分计			
5	团队合作能力	团队合作意识，注重沟通，能自主学习及相互协作	5	不参加者或中途离开者扣2分			
6	合计		100				

学习活动5　公路货物运输费用计算

学习目标

①了解公路货物运输的常见费用种类；

②掌握公路货物运输的计算公式，能计算公路货物运输费用。

建议学时　4学时

学习地点　教室

学习准备　课本、笔记本、互联网资讯、多媒体设备

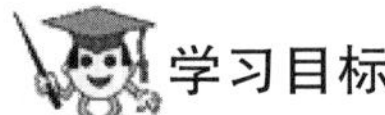

学习过程

一、任务引入

小罗接到某顾客的托运申请，顾客需要知道整车运输和零担运输的具体运输费用各是多少，从而进行判定运输的方式。小罗根据货物运费的计算公式，分别计算出两者的实际运费并告知顾客，顾客根据小罗提供的数据合理的选择了运输方式，并十分满意小罗的服务。

小罗根据此次的公路货物运输费用的计算，深化了公路货物运输费用计算的相关技能知识，同时对运费计算的相关注意事项进行了总结。

二、知识链接

1. 公路运费基本概述

公路运费均以“吨/里”为计算单位，一般有两种计算标准：一是按货物等级规定基

本运费费率,二是以路面等级规定基本运价。凡是一条运输路线包含两种或两种以上的等级公路时,则以实际行驶里程分别计算运价。

公路运费费率分为整车(FCL)和零担(LCL)两种,后者一般比前者高30%～50%。按我国公路运输部门规定:一次托运货物在2.5t以上的为整车运输,适用整车费率;不满2.5t的为零担运输,适用零担费率。凡1kg重的货物,体积超过$4dm^3$,为轻泡货物或尺码货物。整车轻泡货物的运费按装载车辆载重计算;零担轻泡货物每$4dm^3$折合1kg,以公斤为计费单位。

(1)基本概念

①整批货物的基本运价——指一批普通货物在等级公路上运输的每吨公里运价。在计算时,按照货物质量加收吨次费。

②零担货物基本运价——指零担普通货物在等级公路上运输的每千克公里运价。

③包车运价——以小时为单位。

(2)公路运输运费的计算步骤

公路运输运费的计算步骤见图2-6。

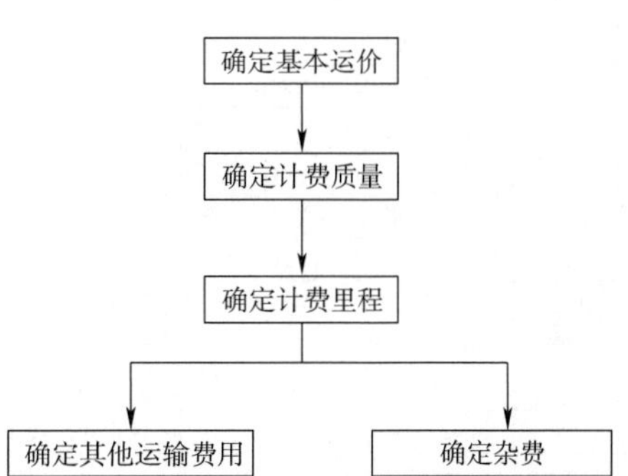

图2-6　公路运输运费的计算步骤

2. 注意事项

①确定运价时的注意事项见表2-6。

确定运价时的注意事项　　表2-6

货物	等级(一等/级)	等级(二等/级)	等级(三等/级)
普通	基础运价	基础运价×(1+15%)	基础运价×(1+30%)
特种	基础运价×(1+40%) 基础运价×(1+60%)	基础运价×(1+60%) 基础运价×(1+80%)	—
危险	基础运价×(1+60%) 基础运价×(1+80%)	基础运价×(1+40%) 基础运价×(1+60%)	—
贵重、鲜活	基础运价×(1+40%)	基础运价×(1+60%)	—
快速	基础运价×(1+40%)	—	—

②计费质量的注意事项见表2-7。

计费质量注意事项　　表2-7

计费形式	计费单位	整批货物	零担货物
一般货物	毛重	吨以下至100kg	计费质量为1kg
轻泡货物	$333kg/m^3$	按车辆标记吨位计算	$1m^3$折合333kg
包车运输	—	按车辆标记吨位计算	—
散装货物	—	按体积折算	—

③计费里程。计费单位以公里为单位;里程请参考《全国主要城市间公路里程表》(图 2-7)。

北京	北京																											
天津	118	天津																										
沈阳	717	704	沈阳																									
长春	1032	1019	315	长春																								
哈尔滨	1392	1379	675	360	哈尔滨																							
济南	457	347	1051	1366	1726	济南																						
合肥	1106	996	1700	2015	2375	649	合肥																					
南京	1141	1031	1735	2050	2410	684	162	南京																				
上海	1490	1380	2084	2399	2759	1033	514	352	上海																			
杭州	1493	1383	2087	2402	2762	1036	514	352	213	杭州																		
南昌	1630	1499	2203	2518	2878	1152	503	665	837	624	南昌																	
福州	2257	2147	2851	3166	3256	1800	1172	1116	1107	894	725	福州																
石家庄	279	333	996	1311	1671	314	954	989	1338	1344	1406	2131	石家庄															
郑州	722	734	1438	1753	2113	434	649	746	1095	1098	963	1688	443	郑州														
武昌	1253	1193	1897	2212	2572	893	512	674	919	875	432	1157	974	531	武昌													
长沙	1645	1583	2289	2604	2964	1285	904	1066	1223	1010	405	1130	1366	923	392	长沙												
广州	2478	2374	3078	3393	3753	2027	1378	1540	1653	1440	875	985	2199	1756	1225	833	广州											
南宁	2657	2597	3301	3616	3976	2297	1861	2023	2195	1982	1358	1714	2378	1935	1404	1012	729	南宁										
西安	1224	1276	1941	2256	2616	976	987	1149	1498	1501	1298	2023	945	542	866	1200	2033	2073	西安									
兰州	1782	1837	2499	1814	3122	1667	1678	1840	2189	2192	1989	2714	1504	1233	1557	1891	2724	2439	691	兰州								
西宁	2006	2061	2723	3038	3346	1891	1902	2064	2413	2416	2203	2938	1728	1457	1781	2115	2948	2663	915	224	西宁							
乌鲁木齐	3820	3875	4537	4852	5160	3705	3716	3878	4227	4230	4027	4752	3542	3271	3595	3929	4762	4477	2729	2038	1824	乌鲁木齐						
成都	2161	2213	2878	3193	3553	1913	2004	2166	2411	2367	1924	2649	1882	1749	1492	1752	2200	1491	937	1084	1308	3122	成都					
贵阳	2618	2630	3334	3649	4009	2270	1806	1968	2121	1908	1303	2028	2339	1896	1377	957	1359	650	1423	1780	2013	3827	841	贵阳				
昆明	3228	3280	3945	4260	4620	2907	2471	2633	2786	2573	1968	2691	2949	2546	2014	1622	1706	977	2004	2178	2402	4216	1094	714	昆明			
太原	503	557	1220	1535	1895	538	1144	1213	1562	1565	1458	2183	224	495	1026	1418	2251	2430	721	1280	1504	3318	1658	2144	2725	太原		
呼和浩特	578	696	1295	1610	1918	1035	1684	1719	2068	2071	2047	2772	813	1084	1615	2007	2840	3019	1152	1204	1428	3242	2089	2575	3156	589	呼和浩特	
银川	1253	1371	1970	2285	2593	1433	1667	1829	2178	2181	1978	2703	1119	1206	1546	1880	2713	2753	680	529	753	2567	1613	2103	2684	895	675	银川

图 2-7　全国主要城市间公路里程表(单位:km)

④其他费用。

3. 运费计算公式

(1)整批货物运费

运费 = 吨次费 × 计费质量 + 整批货物运价 × 计费质量 × 计费里程 + 运输其他费用

(2)零担货物运费

运费 = 零担货物运价 × 计费质量 × 计费里程 + 货物其他费用

(3)包车运费

运费 = 包车时间 × 吨位小时

(4)专线货物运输费用

运费 = 计费质量 × 运价率 + 计费质量 × 运价率 × 加成率

三、小组讨论

①讨论当前公路运输运费计算的主要依据是什么,如路程、质量等。

②讨论当前公路运输运费涉及的其他一些费用,如过关费用、养路费等。

③应用公路运输费用计算公式,进行实际演练。

四、制订与实施方案

①小组为单位,通过互联网资讯或者实际调研形式进行调查,如每一家运输公司的里程费率,高速公路收费站费用基准。

②汇总并统计收集的数据信息(含其他费用)和拍摄图片,并提交调研报告,字数不少于500字。

③按照调研报告,每组派代表上台展示。

④教师点评。

五、评价反馈

当一组同学在操作时,另一组同学按照表2-8的评分标准进行评分。

任务评价表　　表2-8

班级:　　组别:　　姓名:

<table>
<tr><th>序号</th><th>作业项目</th><th>考核内容</th><th>配分</th><th>评分标准</th><th>评分记录</th><th>扣分</th><th>得分</th></tr>
<tr><td>1</td><td>调研表格制作</td><td>是否达到调研目的</td><td>20</td><td>每错、漏一项扣3分,扣完为止</td><td></td><td></td><td></td></tr>
<tr><td rowspan="2">2</td><td rowspan="2">调研数据</td><td rowspan="2">是否含有主要数据,是否全面</td><td rowspan="2">25</td><td>每少一流程扣5分</td><td></td><td></td><td rowspan="2"></td></tr>
<tr><td>每个流程作业不全面扣1~4分</td><td></td><td></td></tr>
<tr><td>3</td><td>调研报告</td><td>是否按要求提交调研报告</td><td>30</td><td>每错、漏一项扣5分,扣完为止</td><td></td><td></td><td></td></tr>
<tr><td rowspan="2">4</td><td rowspan="2">安全文明生产</td><td>遵守安全操作规程,正确使用设备、操作现场整洁</td><td>10</td><td>每项扣5分,扣完为止</td><td></td><td></td><td></td></tr>
<tr><td>安全用电,防火,无人身、设备事故</td><td>10</td><td>因违规操作发生重大人身和设备事故,此项按0分计</td><td></td><td></td><td></td></tr>
<tr><td>5</td><td>团队合作能力</td><td>团队合作意识,注重沟通,能自主学习及相互协作</td><td>5</td><td>不参加者或中途离开者扣2分</td><td></td><td></td><td></td></tr>
<tr><td>6</td><td colspan="2">合计</td><td>100</td><td></td><td></td><td></td><td></td></tr>
</table>

学习项目3　水路运输

学习目标

①了解水路运输的定义、特点、经营方式；

②掌握水路货物运输的组织程序和作业流程；

③认识水路货物运输的单证，并能熟练填制单证的技能；

④掌握水路货物运输运费的计算方法，了解几种水路货运涉及的其他费用；

⑤利用互联网资源，收集相关图片和信息，拓展知识面。

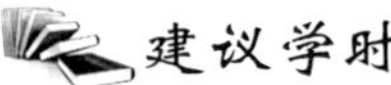

建议学时

16 学时

学习活动1　水路货物运输认知

学习目标

①了解水路运输的概念、形式、特点，并能进行叙述；

②掌握水路运输涉及的运输工具，并能够进行识别；

③了解水路运输的经营方式。

建议学时　4 学时

学习地点　教室

学习准备　课本、笔记本、互联网资讯、多媒体设备

学习过程

一、任务引入

小曾经过导师推荐，将到北海市某船代公司进行实习，企业 HR 要求学校所推荐的

学生应掌握水路货物运输的基本知识。为了使自己得到企业的认可，小曾对自己所学的水路运输基本知识进行复习。

小曾所要复习的基础知识包括水路运输的定义、形式、特点，以及水路运输涉及常见的运输工具和经营方式。

二、知识链接

1. 水路运输

(1)水路运输的概念

水路运输是利用船舶、排筏和其他浮运工具，在江、河、湖泊、人工水道以及海洋上运送旅客和货物的一种运输方式。

(2)水路运输的形式

水路运输有以下四种形式：

①沿海运输。使用船舶通过大陆附近沿海航道运送客货的一种方式，一般使用中、小型船舶。

②近海运输。使用船舶通过大陆邻近国家海上航道运送客货的一种运输形式，视航程可使用中型船舶，也可使用小型船舶。

③远洋运输。使用船舶跨大洋的长途运输形式，主要依靠运量大的大型船舶。

④内河运输。使用船舶在陆地内的江、河、湖、川等水道进行运输，主要使用中、小型船舶。

2. 水路运输的特点

①水路运输运载能力大、成本低、能耗少、投资省，是一些国家国内和国际运输的重要方式之一。例如，一条密西西比河相当于10条铁路，一条莱茵河抵得上20条铁路。此外，修筑1km铁路或公路约占地3hm^2多，而水路运输利用海洋或天然河道占地很少。

②受自然条件的限制与影响大。即受海洋与河流的地理分布及其地质、地貌、水文与气象等条件和因素的明显制约与影响；水运航线无法在广大陆地上任意延伸，所以，水运要与铁路、公路和管道运输配合，并实行联运。

③开发利用涉及面较广。如天然河流涉及通航、灌溉、防洪排涝、水力发电、水产养殖以及生产与生活用水等；海岸带与海湾涉及建港、农业围垦、海产养殖、临海工业和海洋捕捞等。

3. 水路运输涉及的运输工具

水路运输工具也称浮动工具(又称浮动器)，包括船、驳、舟、筏。船和驳是现代水路运输工具的核心。船装有原动机，而驳则没有动力装置。

物流领域使用的货船主要有以下8种。

(1)集装箱船

集装箱船是专用装载集装箱或混装集装箱的高速货船。为了减少风浪的影响，一般都采用球鼻首船型，且具有瘦长形的船体。常见的集装箱船如图3-1所示。

（2）散装船

散装船是专门装运谷物、煤炭、矿石、盐等散装货物的船舶。散装货物一般都是廉价的原料或农产品，因此散装货船的运输量很大，但通常都是单向运输。常见的散装船如图 3-2 所示。

图 3-1　集装箱船

图 3-2　散装船

（3）油船（油轮）

油船是用来专门装运散装石油（原油及石油产品）类、液体货物类的船舶，是远洋运输中的特大型、大型船舶。常见的油轮如图 3-3 所示。

（4）液化气船

液化气船是专门用来装运液化了的天然气体的液化天然气船和液化了的石油气体的液化石油气船。常见的液化气船如图 3-4 所示。

图 3-3　油轮

图 3-4　液化气船

（5）滚装船

滚装船是用来专门装运以载货车辆为货物单元的船舶，是一种快速运输货物的新型船舶。常见的滚装船如图 3-5 所示。

（6）载驳船

载驳船是专门用来装运以载货驳船为货物单位的船舶。常见的载驳船如图 3-6 所示。

图3-5　滚装船

图3-6　载驳船

(7)冷藏船

冷藏船是指具有冷藏设备,专门用来装运易腐鲜活货物的船舶。常见的冷藏船如图3-7所示。

图3-7　冷藏船

(8)运木船

运木船是专门用来装木材的船舶。一般船上都具有装卸设备。

4.水路运输的经营方式

(1)自营运输

一般是指规模较大的海运公司自己购买或建筑船舶,自行经营航线业务。

(2)租船营运

公司本身并无船舶,而以租船的方式,自船东处取得船舶,从事货物船运或转租营运。

(3)委托经营

小型轮船公司将船舶委托大轮船公司或有经验的代理人代为营运。通常付给代理费、货运佣金或给付代营费作为受委托人的报酬,而盈亏仍由船东自行负责。

(4)联合营运

各轮船公司在某一航线组织海运联盟,采取联合营运,同一航线或数航线的所有货运公平分配装运,或运费收入公平分配,但各公司仍保持其独立性。

三、小组讨论

①以小组为代表，讨论水路运输的定义和特点，并进行叙述。

②叙述常见水路货物运输的运输工具，并能识别教师所提供的图片为何种设备。

③叙述水路货物运输的经营方式有几种，请举例说明。

④利用互联网资讯，收集关于水路运输的相关图片与视频，并与同学进行分享。

四、制订与实施方案

①以小组为单位，实地调研沿江码头，了解当地水路运输的主要港口，至少一处。

②调研港口内主要的水路运输工具，了解运输航线以及货物吞吐量。

③汇总调研信息，提交调研报告，字数不少于500字。

④按照调研结果，每组派代表上台展示。

⑤教师点评。

五、评价反馈

当一组同学操作时，另一组同学按照表3-1的评分标准进行评分。

任务评价表 表3-1

班级： 组别： 姓名：

序号	作业项目	考核内容	配分	评分标准	评分记录	扣分	得分
1	调研地点	是否含有港口码头拍摄照片，需含有当地港口LOGO	20	每错、漏一项扣10分，扣完为止			
2	调研内容	是否按要求调研，含有船舶、航线等相关信息	25	每少一流程扣5分			
				每个流程作业不全面扣1～4分			
3	调研报告	是否合理，内容是否充实	30	每错、漏一项扣5分，扣完为止			
4	安全文明生产	遵守安全操作规程，正确使用设备、操作现场整洁	10	每项扣5分，扣完为止			
		安全用电，防火，无人身、设备事故	10	因违规操作发生重大人身和设备事故，此项按0分计			
5	团队合作能力	团队合作意识，注重沟通，能自主学习及相互协作	5	不参加者或中途离开者扣2分			
6	合计		100				

学习活动2 水路货物运输的组织程序

学习目标

①了解水路货物运输的分类,比较两者的特点;
②掌握水路货物运输的组织程序,并能够叙述;
③了解水路运输的作业流程相关内容;
④了解水路运输作业的相关要求。

建议学时 4学时

学习地点 教室

学习准备 课本、笔记本、互联网资讯、多媒体设备

学习过程

一、任务引入

小曾经过层层选拔,成功进入北海某船代公司进行实习。企业HR指定资深优秀员工小张对小曾进行带教,小张首先对小曾的基本业务知识进行考核,然后确定带教计划制订和小曾的发展方向。

小张对小曾的考核包括水路货物运输的基本流程,其中又细化为海洋运输与内航河道的业务流程。小曾根据所学理论知识,针对小张提出的问题进行系统的回答。

二、知识链接

根据航行水路货物运输的性质,可分为海洋运输和内河航道运输两种。它们是以海洋和河流作交通线的。

海洋运输是使用船舶等水运工具经海上航道运送货物和旅客的一种运输方式。它具有运量大、成本低等优点,但运输速度慢,且受自然条件影响。

内河运输是用船舶和其他水运工具,在国内的江、河、湖泊、水库等天然或人工水道运送货物和旅客的一种运输方式。

1. 水路运输的组织流程

水路运输的货运程序见图3-8。

2. 水路运输作业流程

(1)揽货或订舱(订舱清单)

揽货是指轮船公司从货主方面争取货源的业务行为,其目的是使自己所经营的货船能达到满载或接近满载。

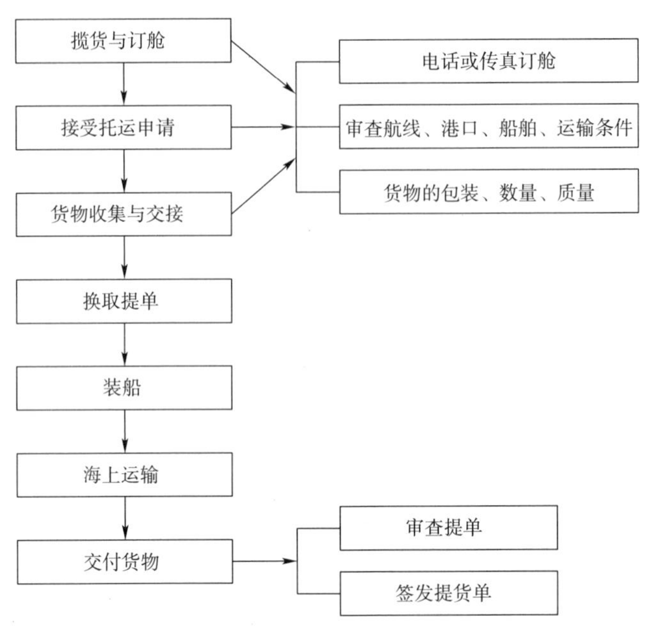

图 3-8　班轮运输的货运程序

订舱是与轮船公司相对应的,是托运人或他的代理人申请货物运输,承运人对这种申请给予承诺。订舱的地点,可以是航线的始点或终点。

揽货与订舱可以用电话和传真的形式进行预约。只要承运人对这种预约给予认可,并做出舱位安排,即表明承运方、托运方已达成了有效的货物运输关系。

(2)接受托运申请(托运申请单)

货主或货运代理商向轮船公司提出订舱申请后,轮船公司首先考虑其航线、港口、船舶、运输条件等能否满足托运人的要求,然后再决定是否接受托运申请。若接受申请,则编制订舱清单,受理托运作业,填写有关单据。

(3)货物收集与交接(货场收据)

一艘货船上的货物要分属不同的货主。各托运人先将货物送到港口指定的地点(仓库),由轮船公司指定的港口代理人负责接货,然后按货物的性质、包装、托运地及装卸的顺序进行统筹安排、统一装船。对于一些需要特殊安排的货物(如危险品、贵重物品等),可安排托运人按规定的时间直接自行送至船边装货。

(4)换取提单、装船

货主或货运代理商凭签署的场站收据,向轮船公司换取提单。

轮船公司进行装船。如果船舶系靠在浮筒或锚地作业,轮船公司则自己要用驳船将货物从仓库驳运至船边再装船。

(5)海上运输

轮船公司对所运货物负有安全运输、妥善保管的责任,并依据货物运输提单条款的规定划分与货主或货运代理之间的责任、权利和义务。

(6)卸货、向货主或货运代理商发到货通知

轮船公司在卸货港的代理商根据船舶发来的到港电报，一方面编制有关单证，约定装卸公司，等待船舶进港后马上卸货；另一方面还要把船舶预定到港的时间通知给收货人，以便收货人做好准备，及时到港口取货。

与装货时一样，一般也采用“集中卸货，仓库交付”的办法，以免在卸货现场造成混乱。但是，根据运输中出现的具体情况，也有一些不同的交货方式，如船边交货、选港交货、变更卸货港交货、凭保证书交货等。

(7)交付货物

在实际业务中交付货物的过程是：收货人凭注明已接受了轮船公司交付的货物并签章的提单，交给轮船公司找卸货港口的代理人，经代理人审核无误后，签发提货单交给收货人，然后收货人再凭提货单前往码头仓库提取货物，并与卸货代理商办理交接手续。

3. 水路运输作业注意事项

(1)受理托运作业要求

根据《水路货物运输管理规则》(1995 年 3 月 15 日交通部交水发〔1995〕221 号发)：

①发货人(货主、货运代理)在托运货物时，应按承运人的要求填写货物托运单，以此作为货物托运的书面申请。货物托运单是发货人托运货物的原始依据，也是承运人承运货物的原始凭证。根据客户的指令进行托单的录入，主要包括：货物名称；质量、件数，按体积计费的货物应载明体积；包装；运输标志；起运港和到达港，海江河联运货物应载明换装港、托运人、收货人名称及其详细地址；运费、港口费和有关的其他费用结算方式；承运日期；运到期限(规定期限或商定期限)；货物价值；双方商定的其他方式。

②根据受理途径的不同，受理方式可分为：直接受理，电话受理，传真受理，网上受理。承运人在接到托运单后，应进行认真审核。检查各项内容是否正确，如确认无误，则在运单上签章，表示接受托运。

③托运人应及时办理港口、海关、检验、检疫、公安和其他货物运输所需的各项手续，并将已办理的各项手续单证送交承运人。因托运人办理各项手续和有关单证不及时、不完备或者不正确而给承运人造成损失的，将由托运人承担赔偿责任。

(2)装船作业要求

①装船作业前：

a. 承运人应将船舱清扫干净，检查管系，准备好垫隔物料，港口经营人应准备好保障安全质量的防护措施。

b. 承运人与港口经营人在船边进行货物交接。对于按件承运的货物，港口经营人应为承运人创造计数的条件；工班作业结束后，承运人和港口经营人应办理当班交接手续。

c. 除港口经营人双方另有协议外，装船时应做到大票分隔、小票集中。每一大票货物应接单装船，一票一清，同一收货人的几票货物应集中在一起装船，每一大票货物或

每一收货人的货物,装船开始及终了时,承运人应指导港口作业工作做好垫隔工作。

d. 装船作业时,承运人应派人看舱,指导港口作业人员按计划积载图(表)的装货顺序、部位装舱,堆码整齐。整船散装货物应按有关规定检验测定装前、装后水尺并记录在货物交接清单上。如发现货物残损、包装不合标准要求或破裂、标志不清等情况,应编制货运记录。如发现港口经营人装舱混乱,或擅自变更计划积载图(表)的装货顺序和部位,船方应及时提出停装或翻舱,港口经营人应翻舱整理;在特殊情况下,不能翻舱整理时,应编制货运记录。

②装船作业时:

a. 港口经营人要严格遵守操作规程和货运质量标准,合理使用装卸工具,轻搬轻放。做到不倒关、不浠舱、破包不装船、重不压轻、木箱不压纸箱、箭头向上、堆码整齐。散装货物应按承运人要求平舱。

b. 港口经营人应在每一票货物装完时,检查库场、舱口、作业线路有无漏装、掉件,发现漏装及时补装,发现掉件及时拣归原批。港口经营人对装船中洒漏的地脚货物,属于散装货物的要随时收集进舱归原批;属于代装货物的应扫集整理、灌包,并通知承运人安排舱位,分别堆簇;同时在货物交接清单内注明灌包地脚货物的件数。

③计划配装的货物,如因故必须退装时,按下列规定办理:

a. 必须按运单、货名、件数退装,不得将几张运单的货物,不分货名,合并笼统退装。

b. 一张运单的货物全部退装,应将运单抽出,并在货物交接清单内划去。

c. 一张运单的货物退装一部分时,应将退装的件数、吨数,按运单、货名编制货运记录,并在货物交接清单内注明实装件数、吨数;退装货物另行装船,由造成退装的责任方会同托运人进行处理。

④货物装船时,如发生实装数量与运单记载数量不符时,承运人与港口经营人编制货运记录。港口经营人事后发现货物漏装,应另行办理托运手续,费用由责任方承担;并在运单特约事项中注明原承运船舶的船名、航次、原运单号码、原发货件数、质量等。

⑤装船作业完毕。通过港口库场装船的货物,由承运人和港口经营人在货物交接清单上签章;船边直接装船的货物,由承运人和托运人在货物交接清单上签章。未办妥交接手续,船舶不得开航。

(3)卸船作业要求

①承运人应及时向港口经营人提供卸船资料。对船边直取的货物,应事先通知收货人做好接运提货的准备工作。港口经营人根据承运人提供的资料以及与作业委托人签订的作业合同,安排好泊位(浮筒、趸船)、库场、机械工具、卸货人员、编制卸船计划。

②承运人应派人指导卸货。港口作业人员应接受承运人指导,按实际积载顺序,按运单、标志卸船,整批货物,应做到一票一清;几票集中装船的零星货物,应做到集中卸船。承运人发现港口经营人混卸或违章操作,应予制止。制止不听的,应编制货运记录。

③卸船时,如在船上发现货物残损、包装破裂、翻钉、松钉、包装内有碎声、分票不清、标志不清、装舱混乱以及积载不当等情况,港口经营人应及时与承运人联系,检查确认、

编制货运记录证明，不得拒卸或原船带回。

④卸船时，港口经营人应按规定的操作规程、质量标准操作，合理使用装卸机具，做到不拖关、不挖井、不堆垛、不落水，分清原残、工残，并按双边交接的有关规定，在货物堆码、通关标准、理货计数等方面创造条件，使交接双方易于计数交接，做到理货数字一班一清、一票一清、全船数字清。每一张运单或一个收货人的货物卸完后，应由库场员复点核实。

⑤承运人和港口经营人在卸船作业中，应随时检查舱内、舱面、作业线路有无漏卸货物或掉件，港口经营人应将漏卸、掉件和地脚货物按票及时收集归原批。卸船结束，港口经营人应将舱内、甲板、码头、作业线路、机具、库场的地脚货物清扫干净。

⑥货物卸进港区仓库，由承运人与港口经营人在船边进行交接。收货人船边直取货物，由承运人与收货人进行交接。卸船完毕，承运人和港口经营人，或者承运人和收货人应在货物交接清单上签章。未办妥交接手续，船舶不得离港。

(4)货物到达后，交付作业要求

①承运人应立即通知收货人提货。双方按《水路货物运输管理规则》的有关规定办理交付手续。

②船边直取货物，由承运人向收货人交付。卸进港区的货物，收货人凭运单(提货凭证)以及进口作业委托单到港区提货。港口经营人应当认真核对提货单证，与收货人当场对货物的数量和质量进行交接。收货人收到货物无异议时，应在提货单证上签章。交接时发现货物短缺、残损，双方应及时编制货运记录。

③承运人和港口经营人在交付货物时，如发现标志脱落或模糊不清，应当查明收货人后方可交付。一张运单的货物分批交付时，应当在提货单证上逐次批注清楚。一张运单的货物分卸几个港区或几个库场，在交付时港口经营人应核对清楚，防止错交错转。

④不能交付的货物按“关于港口、车站无法交付获得处理办法”进行妥善处理。

三、小组讨论

①讨论海洋运输与内河运输的定义，并进行叙述。
②讨论水路运输的作业流程，并针对每一个环节进行叙述。
③讨论水路运输作业流程中的注意事项。

四、制订与实施方案

①以小组为单位，实地调研当地船舶运输企业，以内河运输为主，要求拍摄照片。
②调研该企业的实际业务流程，分析流程的合理性，掌握业务信息。
③汇总调研信息，提交调研报告，字数不少于500字。
④按照调研结果，每组派代表上台展示。
⑤教师点评。

五、评价反馈

当一组同学操作时，另一组同学按照表3-2的评分标准进行评分。

任务评价表 表3-2

班级： 组别： 姓名：

<table>
<tr><th>序号</th><th>作业项目</th><th>考核内容</th><th>配分</th><th>评分标准</th><th>评分记录</th><th>扣分</th><th>得分</th></tr>
<tr><td>1</td><td>实地调研</td><td>是否拍摄企业LOGO，是否提前制作调查表格</td><td>20</td><td>每错、漏一项扣5分，扣完为止</td><td></td><td></td><td></td></tr>
<tr><td rowspan="2">2</td><td rowspan="2">调研内容</td><td rowspan="2">是否掌握企业业务流程，是否对业务流程进行分析，存在问题是否提出解决方案</td><td rowspan="2">25</td><td>每少一流程扣5分</td><td></td><td></td><td rowspan="2"></td></tr>
<tr><td>每个流程作业不全面扣1～4分</td><td></td><td></td></tr>
<tr><td>3</td><td>调研报告</td><td>是否合理，内容是否充实</td><td>30</td><td>每错、漏一项扣5分，扣完为止</td><td></td><td></td><td></td></tr>
<tr><td rowspan="2">4</td><td rowspan="2">安全文明生产</td><td>遵守安全操作规程，正确使用设备、操作现场整洁</td><td>10</td><td>每项扣5分，扣完为止</td><td></td><td></td><td></td></tr>
<tr><td>安全用电，防火，无人身、设备事故</td><td>10</td><td>因违规操作发生重大人身和设备事故，此项按0分计</td><td></td><td></td><td></td></tr>
<tr><td>5</td><td>团队合作能力</td><td>团队合作意识，注重沟通，能自主学习及相互协作</td><td>5</td><td>不参加者或中途离开者扣2分</td><td></td><td></td><td></td></tr>
<tr><td>6</td><td colspan="2">合计</td><td>100</td><td></td><td></td><td></td><td></td></tr>
</table>

学习活动3 水路货物运输运单的填制与应用

学习目标

①熟悉水路货物运单的相关概念；

②了解水路货物运输所涉及相关单证的种类；

③掌握水路货物运单填制的注意事项；

④能独立填制相关水路货物运单。

建议学时 4学时

学习地点 教室、实训室

学习准备 课本、笔记本、互联网资讯、多媒体设备、自制单证、电脑

学习过程

一、任务引入

小曾经过考核后，得到小张的认可。小张根据小曾的表现，首先安排她到客服部进

行工作，加深小曾对水路运输单证的认识，培养她填制单证的能力，再根据她的具体表现进行轮岗培训。

小曾根据所学的知识以及客服部学习到的相关单证知识进行总结，包括水路运输单证的概念、种类和填制单证需要注意的事项。

二、知识链接

1. 水路运单

运单是运输合同的证明，是承运人已经接收货物的收据。常见的水路运输运单如图3-9所示。

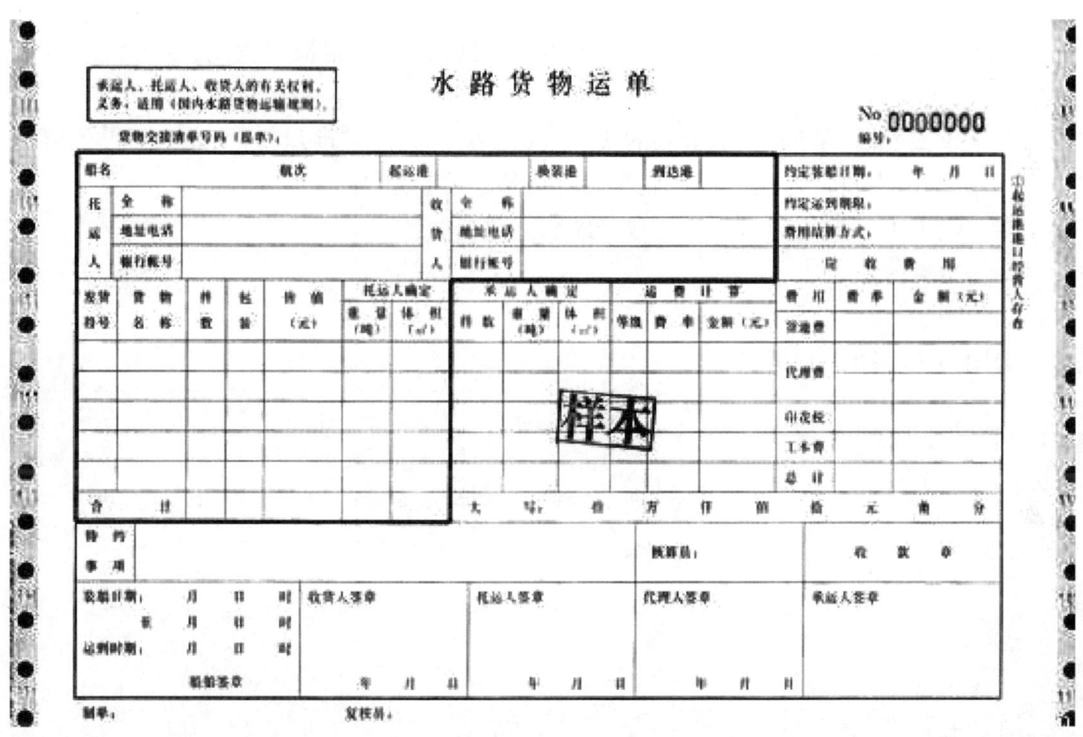

水路货物运单

承运人、托运人、收货人的有关权利、义务，适用《国内水路货物运输规则》。

货物交接清单号码（提单）：

No 0000000
编号：

船名　航次　起运港　换装港　到达港
约定装船日期：　年　月　日
托运人：全称　地址电话　银行帐号
收货人：全称　地址电话　银行帐号
约定运到期限：
费用结算方式：

发货符号	货物名称	件数	包装	价值（元）	托运人确定 重量（吨）	托运人确定 体积（m^3）	承运人确定 件数	承运人确定 重量（吨）	承运人确定 体积（m^3）	运费计算 等级	运费计算 费率	运费计算 金额（元）
合计							大写：　拾　万　仟　佰　拾　元　角　分					

应收费用 费用	费率	金额（元）
运港费		
代理费		
印花税		
工本费		
总计		

特约事项　　　　核算员：　　　收款章

装船日期：　月　日　时
　　　　至　月　日　时
运到时期：　月　日　时
船舶签章

收货人签章　年　月　日
托运人签章　年　月　日
代理人签章　年　月　日
承运人签章

制单：　　复核员：

①起运港港口经营人存查

样本

图3-9　水路运单

水路运单的内容、填制方法及使用规定如下。

(1)货物运单应具备的内容

①货物名称。

②质量、件数，按体积计费的货物应载明体积。

③包装。

④运输标志。

⑤起运港和到达港，海江河联运货物应载明换装港。

⑥托运人、收货人名称及其详细地址。

⑦运费、港口费和有关的其他费用及其结算方式。

⑧承运日期。

⑨运到期限(规定期限或商定期限)。

⑩货物价值。

⑪双方商定的其他事项。

(2)运单应当按照要求填制

①一份运单,填写一个托运人、收货人、起运港、到达港。

②货物名称填写具体品名,名称过繁的,可以填写概括名称。

③规定按质量和体积择大计费的货物,应当填写货物的质量和体积(长、宽、高)。

④填写的各项内容应当准确、完整、清晰。

(3)运单的使用规定

①承运人接收货物应当签发运单。运单由载货船舶的船长签发的,视为代表承运人签发。

②运单签发后,承运人、承运人的代理人、托运人、到达港港口经营人、收货人各留存一份,另外一份由收货人收到货物后作为收据签还给承运人。

③承运人可以视情况需要增加或者减少运单份数。

2. 水路运输合同

(1)合同格式

合同格式如图 3-10 所示。

【标题】 月度水路货物托运计划表

【分类】 运输类合同

本表经承运人签盖运输合同专用章后,具有月度运输合同效力,有关承运人与托运人,收货人之间的权利、义务关系和责任界限,按《水路货物运输规则》及运杂费的有关规定办理

月度水路货物托运计划表

________年________月

起运点: 提出日期____年____月____日 编号:________

<table>
<tr><td rowspan="2">货名</td><td rowspan="2">到达港(地)</td><td colspan="2">换装港(地)</td><td rowspan="2">收货人</td><td colspan="2">托运量</td><td colspan="2">核定量</td><td rowspan="2">备注</td></tr>
<tr><td>第一</td><td>第二</td><td>质量</td><td>体积</td><td>质量</td><td>体积</td></tr>
<tr><td></td><td></td><td></td><td></td><td></td><td></td><td></td><td></td><td></td><td></td></tr>
<tr><td></td><td></td><td></td><td></td><td></td><td></td><td></td><td></td><td></td><td></td></tr>
<tr><td></td><td></td><td></td><td></td><td></td><td></td><td></td><td></td><td></td><td></td></tr>
<tr><td></td><td></td><td></td><td></td><td></td><td></td><td></td><td></td><td></td><td></td></tr>
<tr><td colspan="2">特约事项</td><td colspan="8"></td></tr>
</table>

提计划单位: 托运人(签章) 承运人(签章)

地　　址: 电　话:

说明:①双方当事人在托运计划表上签字盖章后,合同成立,托运人应同时并送交填好的货物运单。

②补充计划使用此表,加盖红色“计划外”字样。

③规格:长 14cm,宽 23cm。

图 3-10 水路运输合同

(2)合同要素

水路货物运输合同是指水路运输企业或者经过批准持有营业执照的个体(联户)船民与其他企业、单位和个人之间达成的有关水路运送货物的权利义务的协议。根据该协议,水路承运人应当按照托运人的要求,将货物按期、完好地运至目的港,交付指定的收货人,托运人或者收货人支付运费。

①水路货物运输合同托运人的基本义务。

a. 托运的货物必须与货物运单记载的品名相符。如实申报货物的状态,不仅对保证货物运输安全有重要的意义,而且对船舶的安全也是至关重要的。

b. 在货物运单上准确填写货物的质量或体积。对起运港具备符合国家规定计量手段的,托运人应按照起运港核定的数据确定货物质量;对整船散装货物,托运人确定质量有困难时,可以要求承运人提供船舶水尺计量数,作为托运人确定的质量;对按照规定实行质量和体积择大计费的货物,应填写货物的质量和体积;对笨重长大货物,还应列出单件货物的质量和体积(长、宽、高)。

c. 需要包装的货物,必须按照国家或国家主管部门规定的标准包装;没有统一规定包装标准的,应在保证运输安全和货物质量的原则下进行包装;需要随附备用包装的,应提供备用包装。

d. 正确制作货物的运输标志和必要的指示标志。

e. 在托运货物的同时,按照合同规定的结算方式付清运输费用。

f. 实行保价运输的个人生活用品,应提出货物清单,逐项声明价格,并按声明价格支付规定的保价费。

g. 国家规定必须保险的货物,托运人应在托运时投保货物运输险。

h. 按规定必须凭证运输的货物,应当提供有关证件。

i. 按照货物属性或双方商定需要押运的货物,应派人随船押运。

j. 托运危险货物必须按危险货物运输的规定办理,不得匿报品名、隐瞒性质或在普通货物中夹带危险货物。

②承运人的基本义务。

a. 应按商定的时间和地点调派适航、适载条件的船舶装运,并备妥相应的护货垫隔物料;但按规定应由托运人自行解决的特殊加固、苫垫材料及所需人工除外。

b. 承运货物的配积载、运输、装卸、驳运、保管及交接工作,应谨慎处理,按章作业,保证货运质量。

c. 对经由其他运输工具集中到港的散装运输、不计件数的货物,如具备计量手段的,应对托运人确定的质量进行抽查或复查;如不具备计量手段的,应在保证质量的前提下,负责原来、原转、原交。对按体积计收运输费用的货物,应对托运人确定的体积进行抽查或复查,准确计费。

d. 对扫集的地脚货物,应做到物归原主;对不能分清货主的地脚货物,应按无法交付货物的规定处理。

e. 组织好运输，保证安全、及时及运到期限。

f. 按照船舶甲板货物运输的规定，谨慎配装甲板货物。

g. 按照规定的航线运输货物，到达后，应由到达港发出到货通知，并负责将货物交付给指定的收货人。

h. 货物的交付。货物到达港口后，由到达港指定卸货地点，并向收货人及时发出到货通知，在货票内注明通知时间。单位提货，提货人应在提货单上签章并加盖公章（或凭单位介绍信）；个人提货，凭本人工作证或其他证件，并在提货单上签章。

③收货人的基本义务。

a. 接到达港到货通知后，应在规定时间内同到达港办妥货物交接验收手续，将货物提离港区。

b. 按规定应由收货人支付的运输费用、托运人少缴的费用以及运输途中发生的垫款，应在提取货物时一次付清。

c. 由收货人自理卸船的货物，应在商定的时间内完成卸船作业，将船舱、甲板清扫干净；对装运污秽货物、有毒害性货物的，应负责洗刷、消毒，使船舱恢复正常清洁状态。

④合同签订注意事项。

签订水路运输合同，应当贯彻公平、公正的原则，双方协商合同内容。水路货物运输合同，除短途驳运、摆渡零星货物，双方当事人可以即时清结者外，应当采用书面形式。大宗物资运输，可按月签订货物运输合同。对其他按规定必须提送月度托运计划的货物，经托运人和承运人协商同意，可以按月签订货物运输合同或以货物运单作为运输合同。零星货物运输和计划外的整批货物运输，以货物运单作为运输合同。制作该合同注意以下问题：

a. 按月度签订的货物运输合同，经双方在合同上签认后，合同即告成立。如承、托运双方当事人无需商定特约事项的，可以用月度托运计划表代替运输合同，经双方在计划表上签认后，合同即告成立。在实际办理货物承托运手续时，托运人还应向承运人按批提出货物运单，作为运输合同的组成部分。

b. 以货物运单作为运输合同的，经承、托运双方商定货物的集中时间、地点，由双方认真验收、交接，并经承运人在托运人提出的货物运单上加盖承运日期戳后，合同即告成立。货物运单的格式，江海干线和跨省运输的由交通运输部统一规定；省（自治区、直辖市）内运输的由省（自治区、直辖市）交通主管部门统一规定。

c. 散装液体货物，只限于整船、整舱运输。装船前应由托运人验舱，合格后才能装运。托运人要求在两个以上地点装船或卸船，或在同一卸船地点由几个收货人接收货物时，其计量分批工作及发生质量差数，由托运人和收货人自行处理。

d. 拖带运输的货物，托运人应按规定提供被拖物的技术资料。承运人应当根据被拖物的技术资料和航道、气象等条件，调配适当的拖轮。在航行中，被拖物上的人员应听从拖轮船长的指挥，配合拖轮保证航行安全。对于有特殊技术要求的拖带运输，承、托运双方必须签订特约条款。

e. 易腐货物和有生动植物，承、托运双方应预先商定容许的运到期限；采用冷藏设备船舶装运的，应商定冷藏温度。有生动植物在运输途中需要照料、饲养的，由托运人自行负责；随带的饲料免收运费，需用的淡水由承运人按规定提供。

f. 遇有下列情况之一，应采取包船、包舱或租船运输：

(a)由于货物本身性质，需用专船、专舱运输的。

(b)货物的起运点或到达点超出正常的营业航线，承运人必须指派专船运输的。

(c)由于其他原因，经承、托运双方协议采用包船运输的。

g. 涉外物资运输。托运涉外物资(指外国驻华使领馆、团体和个人所使用的物品、国际礼品、展览品等)、尖端保密产品、稀有珍贵物品和历史文物，发货人应向起运港声明，在运单上填写具体品名，并在“发货人记载事项”栏内记明注意事项。起运港要在运单及有关单证上加盖红色“特运”字样。承运人在运输过程中，对“特运”货物，应加强验收、保管、交接工作，注意保密，认真做好装卸和运输工作。

三、小组讨论

①了解水路货物运单的概念以及填制的要求。

②掌握常见水路运输合同的重要性。

③了解水路运单与水路运输合同的关系，请叙述说明。

四、制订与实施方案

①以小组为单位，实地调研当地船舶运输企业，以内河运输为主，要求拍摄照片。

②了解该企业所使用的运单，在企业允许的情况下进行详细了解，并拍摄样板。

③调研小组独立涉及运输单证，并进行交叉填制。

④汇总调研信息，提交调研报告，字数不少于500字。

⑤按照调研结果与填制情况，每组派代表上台展示。

⑥教师点评。

五、评价反馈

当一组同学操作时，另一组同学按照表3-3的评分标准进行评分。

任务评价表　　表3-3

班级：　　组别：　　姓名：

序号	作业项目	考核内容	配分	评分标准	评分记录	扣分	得分
1	调研企业	要求含有企业LOGO或负责人的照片，提前制作调研表格	20	每错、漏一项扣5分，扣完为止			

续上表

序号	作业项目	考核内容	配分	评分标准	评分记录	扣分	得分
2	调研内容与运单填制	要求含有运单的模板样式，要求了解企业填制运单时容易忽略的问题，了解运输合同；运单制作是否合理，运单填制是否符合规范	25	每少一流程扣5分			
				每个流程作业不全面扣1～4分			
3	调研报告	调研报告是否充实，是否按要求制作，是否附带小组填制运单情况	30	每错、漏一项扣5分，扣完为止			
4	安全文明生产	遵守安全操作规程，正确使用设备、操作现场整洁	10	每项扣5分，扣完为止			
		安全用电，防火，无人身、设备事故	10	因违规操作发生重大人身和设备事故，此项按0分计			
5	团队合作能力	团队合作意识，注重沟通，能自主学习及相互协作	5	不参加者或中途离开者扣2分			
6	合计		100				

学习活动4　水路货物运输费用计算

学习目标

①掌握水路货物运输涉及的费用与费率；

②掌握水路货运运输的计算公式；

③能利用理论知识独立进行水路货物运输运费计算。

建议学时　4学时

学习地点　教室、实训室

学习准备　课本、笔记本、互联网资讯、多媒体设备、电脑、自制单证、纸板

学习过程

一、任务引入

由于小曾的表现良好，她又被安排到业务部进行实习。某客户到船代公司办理托运业务，小曾对客户进行接待。期间，客户要求告知这批货物运往新加坡的具体金额以及相关费用。

小曾根据在学校学习的知识，计算出北海到新加坡的货物运费，同时对此次应用水

路货物运输费用的计算公式进行深刻理解,并掌握该公式的应用技巧。

二、知识链接

在国际贸易中,运费的计算与贸易商有着十分重要的关系。水路运输包括河运和海运。我们介绍的运费核算,包括散货运输及集装箱的运费核算。

1. 水路货物运输费率构成

班轮运费是指班轮承运人根据运输契约完成货物运输后,从托运人那里取得的报酬。从承运人的角度来讲,班轮运费实际上就是班轮运价,也是承运人为了完成货物运输所提供的运输劳务的价格。

班轮运费的计算公式为:

班轮运费 = 基本运费 + 附加费
= 总货运量 × 基本运费率 ×(1 + 附加费率)

基本运费是班轮公司为每一计费单位的普通货物在正常运输情况下,在港口之间运输所规定的运价,是构成运费的主要部分。

附加费是由于在实际运输中,各地港口的情况不同、运输所使用的船舶不同、运输的货物不同及其他原因,使承运人在运输过程中产生的运营费用。为了平衡这部分费用,保持在一定时期内的基本费率稳定,又能正确反映出各港口各种货物的航运成本,出现了附加税。其主要有:因商品特点不同而增设的附加费,如超长、超重、超大附加费,洗仓费;因港口的不同情况而增收的附加费,如港口附加费、港口拥挤费、选港费、直航费、绕航费、变更卸货港附加费、转船附加费;根据特殊情况收取的燃油附加费、货币贬值附加费及选卸附加费等。

实际上,附加费的名目很多,而且有些费用要占运费的较大比重,甚至相当于基本运费,如港口拥挤费。因此,我们在计算运费时,必须对附加费给予精确的计算。

2. 水路货物运输费用计算

(1)班轮运费计收标准

①按货物的毛质量计收运费,称之为重量吨,运价表内用“*W*”表示。

②按货物容积或体积计收运费,称之为尺码吨,运价表中用“*M*”表示。

③按货物质量或体积计收运费,由船公司选择其中收取运费较高者计算,运价表中以“*W/M*”表示(按此计价时,应以积载系数确定其是重货还是轻货,积载系数是用货物的毛质量与体积的比例来确定的。积载系数大于1的为重货,将按质量计收;反之则为轻货,将按体积计收)。

④有些价值较高的货物,按货物FOB价收取一定百分比作为费用,称为从价运费,运价表内用“A. V. ”表示。

⑤按每一件为单位计收,一般只对包装固定,包装内的数量和质量、体积也是固定不变的货物,按每箱、每捆或每件等特定的运费额计收。

⑥由船货双方临时议定价格收取的运费,称为议价运费。这种方法往往承运的是一些运量大、货价低、装卸容易、装卸速度较快的货物,如谷物、砂石等。

(2)班轮运费的计算

【例题】 圆周制衣公司计划从我国的舟山运往南美巴西一批衬衫,计收运费标准 W/M 共300箱,每箱30kg,每箱的体积长59cm,宽34cm,高18cm,基本运费率每吨40美元,特殊燃油附加费为5%,港口拥挤费为5%。请计算这批货的运费是多少。

解: $W = 30\text{kg} = 0.030$ 运费吨

$M = 0.59 \times 0.34 \times 0.18 = 0.036\ 108$ 运费吨

因为 $M > W$,所以采用 M 计费:

$$\text{运费} = \text{基本运费} \times (1 + \text{附加费率}) \times \text{运费吨}$$
$$= 40 \times (1 + 5\% + 5\%) \times (300 \times 0.036\ 108)$$
$$= 40 \times 110\% \times 10.832\ 4 = 476.625\ 6 \approx 477(\text{美元})$$

答:这批货的运费是477美元。

三、小组讨论

①小组讨论水路运输运费涉及的主要参数,并依据实际案例进行说明叙述。

②小组讨论公式组成部分,并按要求进行计算某案例的水路运输运费。

四、制订与实施方案

①以小组为单位,设计水路货物运输场景,提前制订方案步骤并进行人员安排。

②既定任务背景:设某公司拟向日本出口冻驴肉30t,共需装1 500箱,每箱毛重25kg,每箱体积为20cm×30cm×40cm。基本运费率每吨144美元,特殊燃油附加费为4%,港口拥挤费为4%,问应如何计算该批货物的运费?

③小组按海洋货运业务流程进行角色扮演,且每小组上述商品的质量、体积等数据需随机既定,要交最终计算结果。

④按照已制订好的方案进行练习,并每组派代表上台展示。

⑤教师点评。

五、评价反馈

当一组同学操作时,另一组同学按照表3-4的评分标准进行评分。

任务评价表 表3-4

班级: 组别: 姓名:

序号	作业项目	考核内容	配分	评分标准	评分记录	扣分	得分
1	人员安排与角色既定	角色分配是否合理	20	每错、漏一项扣3分,扣完为止			

续上表

<table>
<tr><th>序号</th><th>作业项目</th><th>考 核 内 容</th><th>配分</th><th>评 分 标 准</th><th>评分记录</th><th>扣分</th><th>得分</th></tr>
<tr><td rowspan="2">2</td><td rowspan="2">流程梳理与运费计算</td><td rowspan="2">流程是否合理，运费计算是否正确</td><td rowspan="2">25</td><td>每少一流程扣5分</td><td></td><td></td><td rowspan="2"></td></tr>
<tr><td>每个流程作业不全面扣1～4分</td><td></td><td></td></tr>
<tr><td>3</td><td>总结与演示</td><td>是否流畅表达设计思路与运费计算</td><td>30</td><td>每错、漏一项扣5分，扣完为止</td><td></td><td></td><td></td></tr>
<tr><td rowspan="2">4</td><td rowspan="2">安全文明生产</td><td>遵守安全操作规程，正确使用设备，操作现场整洁</td><td>10</td><td>每项扣5分，扣完为止</td><td></td><td></td><td></td></tr>
<tr><td>安全用电，防火，无人身、设备事故</td><td>10</td><td>因违规操作发生重大人身和设备事故，此项按0分计</td><td></td><td></td><td></td></tr>
<tr><td>5</td><td>团队合作能力</td><td>团队合作意识，注重沟通，能自主学习及相互协作</td><td>5</td><td>不参加者或中途离开者扣2分</td><td></td><td></td><td></td></tr>
<tr><td>6</td><td colspan="2">合计</td><td>100</td><td></td><td></td><td></td><td></td></tr>
</table>

学习项目 4　铁 路 运 输

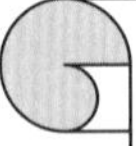

学习目标

①了解铁路运输的定义、特点、经营方式以及铁路的发展趋势；

②掌握铁路运输的作业流程，能够画出作业流程图；

③认识铁路货物运输的单证，并能熟练掌握填制单证的技能；

④掌握铁路货物运输运费的计算方法，了解铁路货运涉及的其他费用；

⑤利用互联网资源，收集相关图片和信息，拓展知识面。

建议学时

16 学时

学习活动 1　铁路运输认知

学习目标

①了解铁路运输的概念、特点；

②掌握我国铁路的分布以及主要干线；

③了解我国目前铁路发展现状以及趋势。

建议学时　4 学时

学习地点　教室

学习准备　课本、笔记本、互联网资讯、多媒体设备

学习过程

一、任务引入

苏伟到某物流公司进行定岗实习，企业 HR 告知他将会被分配到业务部门进行跟岗

学习，主要的工作内容是关于铁路货物运输，同时专业教师希望他将自己所学习的理论知识运用到实际工作中，给企业留下良好的印象。

苏伟为了不辜负学校与企业的期望，首先对所学的铁路运输基本知识进行全面的复习，复习的内容包括铁路运输的定义、特点以及我国铁路的分布和发展现状。

二、知识链接

1. 铁路运输概述

(1)铁路运输的定义

铁路运输是利用铁路进行货物运输的方式，是利用铁路设施、设备运送旅客和货物的一种运输方式。

(2)铁路运输的优点

①行驶速度快。

货车的行驶速度可达 100km/h。

②运输能力大。

铁路是通用的运输方式，能够负担大量的运输任务。一列火车可装 2 000 ~ 3 500t 货物，重载列车可装 2 万多吨货物。

③运输成本低。

铁路运输成本一般是汽车运输成本的 1/7 ~ 1/17，是民航成本的 1/97 ~ 1/267。

④适应性强。

依靠现代科学技术，铁路几乎可以在任何需要的地方修建，可以实现全天候不停车运营，而且运输过程受自然和气候条件的限制很小。

⑤安全性好。

在各种现代化的运输方式中，按所完成的货运周转量计算来考察，铁路运输是最低的。

⑥运输到发时间准确性高。

由于铁路运输实行统一调度，且具有专用路权，因此铁路运输能保证运输到发时间的准确性。

⑦环境污染小。

铁路运输对环境和生态的影响要比公路运输和航空运输小得多，其排放的废气对环境的污染是汽车的 1/30，造成的噪声也比公路运输小。

(3)铁路运输的缺点

①初期基本建设投资高，建设周期长。

一般来说，单线每公里造价为 300 万 ~ 700 万元，复线造价更高。铁路建设周期长，一条干线要建设 5 ~ 10 年，而且占地多，将给社会增加更多的负担。

②灵活性较差，营运缺乏弹性。

铁路运输不能随着货源所在地的变更而改变其营运路线，也不能随处停车，不能实现“门到门”的运输等。

③货损较高。

由于铁路运输过程中需要编组，会对货物进行多次装卸搬运，如不能精心管理，势必会造成货物的损坏。

综合考虑以上因素，铁路运输适合于在内陆地区运送中长距离、大运量、时间长、可靠性高的一般货物。在没有水运条件的地区，几乎所有大批量货物都依靠铁路进行运输。

2. 我国铁路运输分布图

我国主要的铁路分布，如图 4-1 所示。

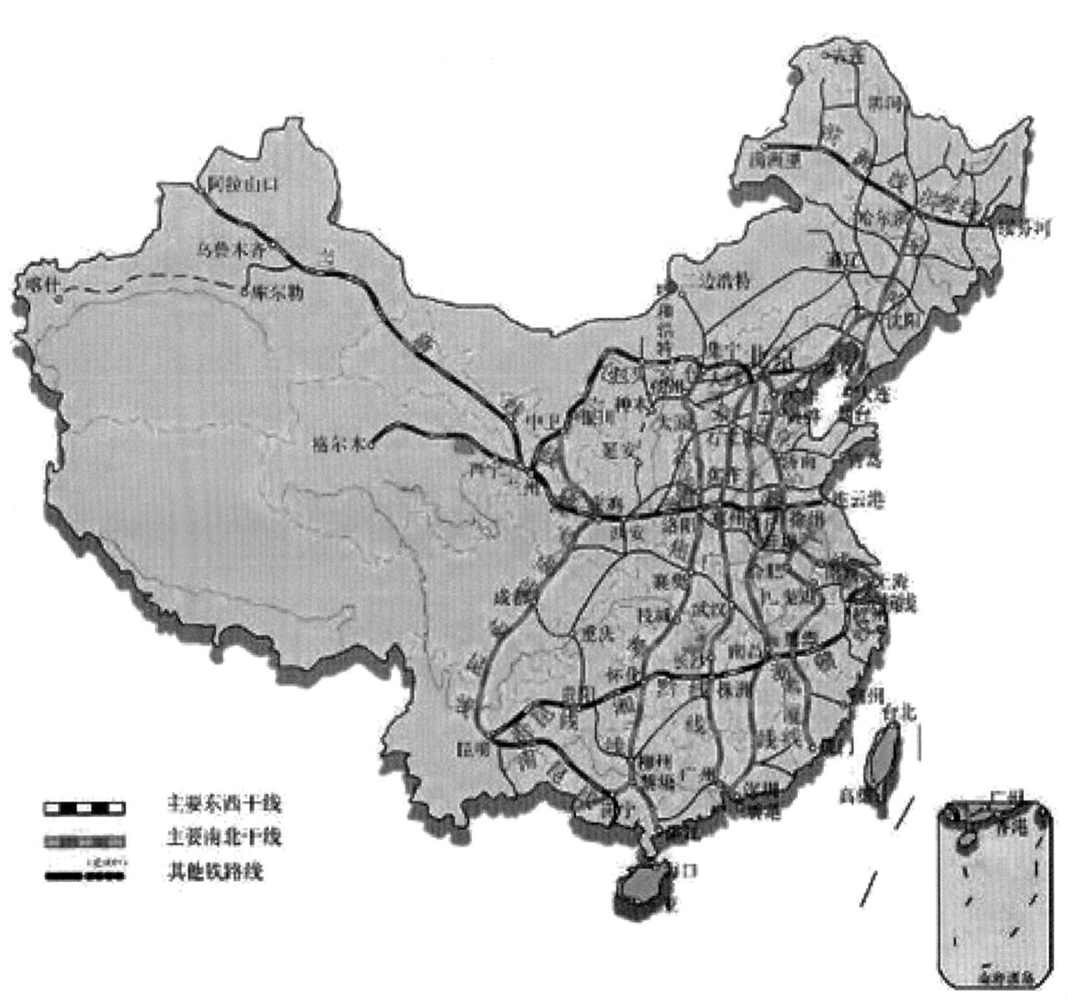

图 4-1　我国主要的铁路干线分布图

3. 我国铁路的发展现状与趋势

《2013 ~ 2017 年中国铁路运输行业市场前瞻与领先企业经营分析报告》显示，2009 年开始，我国铁路建设进入大规模发展阶段，2010 年，中国交通基建投资约为 2 万亿元，其中铁路投资额约为7 000亿元,占全行业的35%。2010年年底,全国铁路营业里程9.1万公里,居世界第二位;其中高铁运营里程达到8 358km,在建里程1.7万公里,居世界第一;复线率和电气化率分别提高到41%和46%。依据规划,“十二五”期间新建高铁将占新建路线里程的50%;到2015年,高速铁路达1.6万公里以上,铁路的投资将维持在3.5万亿元左右。

到2015年,全国铁路旅客发送量或将完成30亿人左右;到2020年,铁路客运量或达到50亿人。即“十二五”期间铁路客运量的年均增速为12.35%,明显高于“九五”和“十五”期间2.58%和7.75%的年复合增长,铁路客运增速将达到一个相对的顶峰。

高铁开通诱增的货运能力不可小觑。2010年,全国铁路货物发送量累计完成36.43亿吨,同比增加3.1亿吨,增长9.3%,其中部分因高铁开通为既有线腾出货运空间。数据表明,截至目前已开通运营的高铁12条,日均开行动车组近1 200列;仅京津、胶济、武广、郑西、沪宁5条高铁投入运营,就可使既有线增加图定货物列车83对,年增加货物运输能力2.3亿吨。

2011年12月23日全国铁路工作会议上,铁道部长盛光祖表示,根据“十二五”规划和资金情况,2012年安排固定资产投资5 000亿元,其中基本建设投资4 000亿元,新建投产6 366km;同时指出,要转变铁道部职能,解决政企分开、权力过于集中,企业市场主体缺位及经营机制不适应市场要求的问题。未来铁路改革的主要方向是,提高运价、发展多元化业务和推动运输主业的体制改革,国内将出现铁路运输企业格局的大转变。

三、小组讨论

①了解铁路运输的定义,陈述铁路运输的特点。

②讨论并派出代表陈述当前我国主要的铁路干线。

③讨论当前我国的铁路运输现状和发展趋势。

四、制订与实施方案

①以小组为单位,对铁路运输企业或者火车站进行调研。

②调研方式包括互联网资讯查询、实际调研、电话问卷等方式。

③要求实际调研拍摄图片,了解铁路运输企业主要涉及的商品;若是问卷形式需要制作图表以及保留联系方式。

④提交总结报告,内容需满足铁路运输这一条件,字数500字以上。

⑤根据总结报告,每组派代表上台展示。

⑥教师点评。

五、评价反馈

当一组同学操作时,另一组同学按照表4-1的评分标准进行评分。

任务评价表 表4-1

班级： 组别： 姓名：

序号	作业项目	考核内容	配分	评分标准	评分记录	扣分	得分
1	调研形式	调研是否真实合理，是否拍摄照片或者数据统计	20	每错、漏一项扣3分，扣完为止			
2	调研内容	是否含有该企业涉及的业务范围、是否含有铁路运输干线等内容	25	每少一流程扣5分			
				每个流程作业不全面扣1～4分			
3	调研报告	内容是否真实合理，是否按要求进行	30	每错、漏一项扣5分，扣完为止			
4	安全文明生产	遵守安全操作规程，正确使用设备、操作现场整洁	10	每项扣5分，扣完为止			
		安全用电，防火，无人身、设备事故	10	因违规操作发生重大人身和设备事故，此项按0分计			
5	团队合作能力	团队合作意识，注重沟通，能自主学习及相互协作	5	不参加者或中途离开者扣2分			
6	合计		100				

学习活动2 铁路运输业务流程

学习目标

①了解铁路运输的分类；

②了解整车铁路运输的业务流程；

③了解零担铁路运输的业务流程；

④了解铁路运输的注意事项和作业要求。

建议学时 4学时

学习地点 教室

学习准备 课本、笔记本、互联网资讯、多媒体设备

学习过程

一、任务引入

苏伟来到某运输企业进行实习，该企业的HR指定资深员工王亮对其进行带教。王

亮首先带着苏伟到火车站了解公司的主要业务往来形式，针对一些工作细节进行知识考核，以加深苏伟对铁路运输的印象。

苏伟针对所看到的铁路运输情况进行总结，主要内容包括铁路整车运输、铁路零担运输以及铁路运输的注意事项。

二、知识链接

铁路货物运输种类即铁路货物运输方式，现行的铁路货物运输种类分为整车运输、零担运输。整车运输适于大宗货物；零担运输适于小批量的零星货物。

1. 铁路整车运输

(1)铁路整车运输的条件

一批货物的质量、体积或形状需要以一辆以上货车运输的，即属于整车运输。有些货物，虽质量、体积不够一车，但按其性质、形状需要单独使用一辆货车时，也应按整车运输。

下列货物规定限按整车办理运输：

①需要冷藏、保温或加温运输的货物。

②规定限按整车运输的危险货物。

③易于污染其他货物的污秽品。

④蜜蜂。

⑤不易于计算件数的货物。

⑥未装容器的活动物。

⑦一件货物质量超过2t、体积超过$3m^3$或长度超过9m的货物(经发站确认不影响中转站和到站装卸作业的除外)。

(2)铁路整车托运流程图

铁路整车托运如图4-2所示。

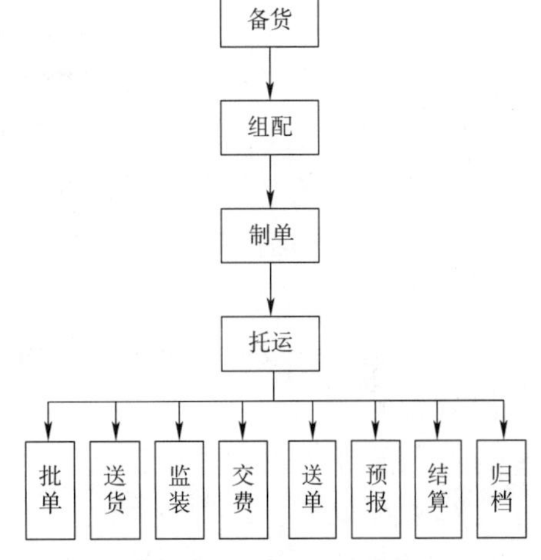

图4-2　铁路整车托运流程

(3)整车托运作业步骤及要求

①备货。

备货是做好商品发运业务的前提条件。

②组配。

组配是根据旬、日安排组织商品配装，根据单、货的流转情况，有两种不同的组配方法，一种是见单组配，另一种是见货组配。车站装车发运一般是见单组配。

③制单。

制单是根据组配环节转来的组配好的商品调拨供应单，填制有关商品运输的各种单证。这些单证主要包括货物运单和运输交接单。

④托运。

托运环节包括批单、送货、监装和交纳运输费用等项工作。

(4)整车托运的注意事项

①为明确运输责任,整车货物运输通常是一车一张货票、一个发货人。一个托运人托运整车货物的质量低于车辆额定载质量时,为合理使用车辆的运载能力,可以拼装另一托运人托运的货物,即一车二票或多票,但货物总质量不得超过车辆额定载质量。

②整车货物多点装卸,按全程合计最大载质量计重;最大载质量不足车辆额定载质量时,按车辆额定载质量计算。

③托运整车货物由托运人自理装车,未装足车辆标记载质量时,按车辆标记载质量核收运费。

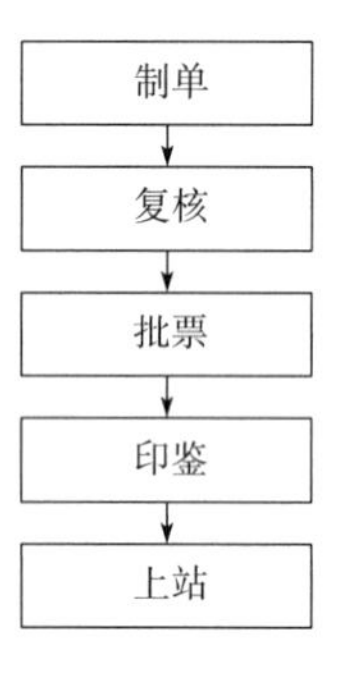

图4-3　铁路零担运输流程

2. 铁路零担运输

(1)铁路零担货运的条件

①零担运输的概念。

一批货物的质量、体积、性质或形状,不需要以一辆铁路货车装运的运输形式称为零担运输。

②零担运输的条件。

一件货物体积最小不能小于0.02m^3(一件质量在10kg以上的除外),每批件数不超过300件的货物,均可按零担运输办理。

(2)铁路零担运输流程图

铁路零担运输如图4-3所示。

(3)零担托运作业步骤及要求

①制单。

根据货物调拨供应单填制货物运单和有关运输凭证。

②复核。

对运输单据内容逐项复核,做到准确无误。

③批票。

按照规定时间,将货物运单送交车站办理托运批票,即车站正式受理指定送货日期、地点。

④印鉴。

根据货物运单所列的发货人、收货人、到站、品名、件数、运输号码等项目印制运输标签。

⑤上站。

按照车站指定的时间和地点,将货物按时上齐,并应逐件检查货物与运单是否相符,运输标记、包装是否符合要求。经检查无误后,向铁路货运工作人员交接。

(4)零担托运的注意事项

①零担货物必须在办理托运手续,认真核对运单、货物的基础上验收入库。

②根据车辆核定吨位、车厢容积和起运货物的质量、理化性质、长度、大小、形状等,合理配载,编制货物交接清单。

③根据车辆容积,均衡地分布货物,充分利用车辆载质量和容积。

④凭到货通知单交付的,由收货人在到货通知单上加盖与收货人名称相同的印章,并验看提货经办人有效身份证件,在货票提取联签字交付。

3. 铁路运输注意事项

①个人托运的物品(如搬家货物、行李),分为保价运输和不保价运输两种。按哪种方式运输,由托运人选定,并在货物运单托运人记载事项栏内注明。

②个人托运的物品内,不得夹带下列物品:a. 金、银、钻石、珠宝、首饰、古玩、文物字画、手表、照相机;b. 有价证券、货币、各种票证;c. 危险货物。

③托运个人物品,托运人应对每一货件进行编号,并将其编号分别填记于物品清单上和每件货物的货物标记(货签)总件数之后。例如总件数为15件,则填写15(1)、15(2)……15(15)。个人物品除按规定拴挂货签外,要在货物包装上书写或粘贴与货签同样内容的标记。有包装的货件内还必须由托运人存放记有到站、收货人和地址的字条。

④个人托运的物品,托运人要求按保价运输时,应在货物运单货物价格栏内记明该批货物保价金额,在托运人记载事项栏内注明“保价运输”字样,并按规定提出物品清单,承运人对物品清单应进行审核,并在每页清单上加盖车站日期戳和经办人名章。

⑤ 按一批办理的个人物品,不能只办理其中一部分物品的保价运输。

⑥发站对托运人声明的保价金额有疑义时,有权要求托运人打开货件包装进行检查,核实其保价金额。

⑦按保价运输的,物品,应按规定核收货物保价费。

三、小组讨论

①了解铁路运输的三种形式,并陈述每一种形式的概念。

②讨论并派代表画出铁路运输的业务流程图。

③能够用自己的语言陈述铁路运输中的注意事项。

四、制订与实施方案

①以小组为单位,对铁路运输企业或者火车站进行调研。

②调研方式包括互联网资讯查询、实际调研方式。

③要求调研拍摄图片,了解铁路运输企业整车运输、零担运输主要涉及的商品,掌握企业的业务流程,分析合理性。

④提交总结报告,内容包含拍摄图片,企业业务流程发现的问题与解决方案,字数500字以上。

⑤根据总结报告,每组派代表上台展示。

⑥教师点评。

五、评价反馈

当一组同学操作时,另一组同学按照表4-2的评分标准进行评分。

任务评价表 表4-2

班级： 组别： 姓名：

序号	作业项目	考核内容	配分	评分标准	评分记录	扣分	得分
1	调研形式	调研是否合理，是否按要求进行	20	每错、漏一项扣3分，扣完为止			
2	调研内容	调研的内容是否包含拍摄图片，是否记录企业的作业流程，是否针对发现的问题进行分析以及解决方案的提出	25	每少一流程扣5分			
				每个流程作业不全面扣1～4分			
3	调报告研	结构是否完善，内容是否合理	30	每错、漏一项扣5分，扣完为止			
4	安全文明生产	遵守安全操作规程，正确使用设备、操作现场整洁	10	每项扣5分，扣完为止			
		安全用电，防火，无人身、设备事故	10	因违规操作发生重大人身和设备事故，此项按0分计			
5	团队合作能力	团队合作意识，注重沟通，能自主学习及相互协作	5	不参加者或中途离开者扣2分			
6	合计		100				

学习活动3　铁路运输单证的填制与应用

学习目标

①了解铁路运输单证的含义、作用以及种类；

②了解铁路运单的内容；

③了解铁路运输单证填制的注意事项。

建议学时　4学时

学习地点　教室、实训室

学习准备　课本、笔记本、互联网资讯、多媒体设备、自制单证、纸板、电脑

学习过程

一、任务引入

苏伟熟悉了企业的运作流程和基本的铁路货物运输之后，王亮觉得可以让苏伟进

行业务上的操作，首先从单证的填制开始，并要求苏伟在指定的时间内了解并掌握业务上所涉及的单证，同时要注意单证填写时需要注重的细节。

苏伟在王亮的指导下，仔细地识别每一种单证，掌握单证的概念、作用并记录单证填写的注意事项。

二、知识链接

1. 铁路运输单证概述

(1)铁路运单

铁路运输分为国际铁路联运和通往港澳的国内铁路运输，分别使用国际铁路货物联运单和承运货物收据。当通过国际铁路办理货物运输时，在发运站由承运人加盖日戳签发的运单叫“铁路运单”(Rail Waybill)。铁路运单是由铁路运输承运人签发的货运单据，是收、发货人同铁路之间的运输契约。常见的铁路运单如图4-4所示。

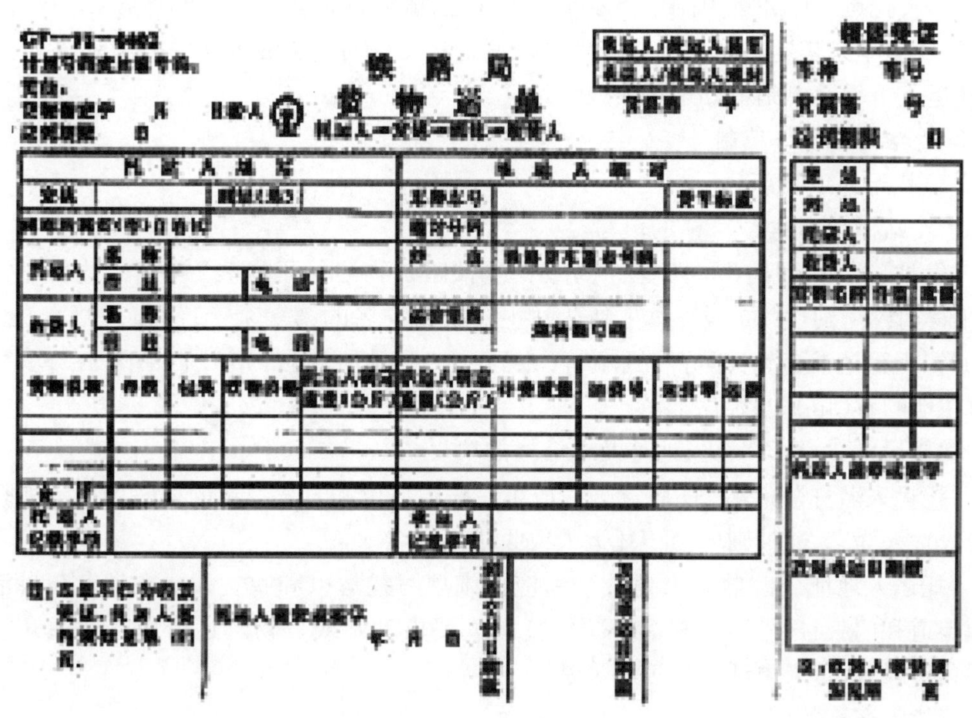
铁 路 局
货 物 运 单
年 月 日

图4-4 铁路运单

(2)铁路运单的种类

铁路运单可分为国际铁路联运和国内铁路运输两种方式，前者使用国际铁路联运运单，后者使用国内铁路运单。通过铁路对港、澳出口货物时，由于国内铁路运单不能作为对外结汇的凭证，故使用“承运货物收据”这种特定性质和格式的单据。

①国际铁路货物联运运单。

国际铁路货物联运所使用的运单是铁路与货主间缔结运输契约的证明。此运单正本从始发站随同货物附送至终点站并交给收货人，是铁路同货主之间交接货物、核收运杂费用和处理索赔与理赔的依据。运单副本是卖方凭以向银行结算货款的主要证件。

②承运货物收据。

承运货物收据既是承运人出具的货物收据，也是承运人与托运人签订运输契约的证明。中国内地通过铁路运往港、澳地区的出口货物，一般委托中国对外贸易运输公司承办。当出口货物装车发运后，对外贸易运输公司即签发承运货物收据交给托运人，作为对外办理结汇的凭证。承运货物收据只有第一联为正本，反面印有"承运简章"，载明承运人的责任范围。

(3)铁路运单的作用

铁路运单一律以目的地收货人作记名抬头，一式两份。正本随货物同行，到目的地交收货人作为提货通知；副本交托运人作为收到托运货物的收据。在货物尚未到达目的地之前，托运人可凭运单副本指示承运人停运，或将货物运给另一个收货人。

铁路运单只是运输合约和货物收据，不是物权凭证，但在托收或信用证支付方式下，托运人可凭运单副本办理托收或议付。

2. 铁路运输单证填制

(1)托运人填写部分

①发站栏和到站(局)栏的填写。

"发站"栏和"到站(局)"栏，应分别按《铁路货物运价里程表》规定的站名完整填记，不得简称。到达(局)名，填写到达站主管铁路局名的第一个字，例如，(哈)、(上)、(广)等，但到达北京铁路局的，则填写(京)字。"到站所属省(市)、自治区"栏，填写到站所在地的省(市)、自治区名称。

②托运人、收货人名称、地址及电话栏的填写。

"托运人名称"和"收货人名称"栏应填写托运单位和收货单位的完整名称。如托运人或收货人为个人时，则应填记托运人或收货人姓名。

"托运人地址"和"收货人地址"栏，应详细填写托运人和收货人所在省、市、自治区城镇街道和门牌号码或乡、村名称。如托运人要求到站或货物到达后用电话通知收货人时，必须将收货人电话号码填写清楚。

③货物名称的填写。

"货物名称"栏应按《铁路货物运价规则》附表二"货物运价分类表"或国家产品目录，危险货物则按《危险货物运输规则》附件一"危险货物品名索引表"所列货物名称完全、正确地填写。

托运危险货物并应在品名之后用括号注明危险货物编号。"货物运价分类表"或"危险货物品名索引表"内未经列载的货物，应填写生产或贸易上通用的具体名称。但须用《铁路货物运价规则》附件一相应类项的品名加括号注明。

按一批托运的货物，不能逐一将品名在运单内填记时，须另填物品清单一式三份，一份由发站存查，一份随同运输票据递交到站，一份退还托运人。需要说明货物规格、用途、性质的，在品名之后用括号加以注明。

对危险货物、鲜活货物或使用集装箱运输的货物，除填记货物的完整名称外，还应按货物性质，在运单右上角用红色墨水书写或用加盖红色戳记的方法，注明“爆炸品”“氧化剂”“毒害品”“腐蚀物品”“易腐货物”等字样。

④件数栏的填写。

“件数”栏，应按货物名称及包装种类，分别记明件数，“合计件数”栏填写该批货物的总件数。承运人只按质量承运的货物，则在本栏填记“堆”“散”“罐”字样。

⑤包装栏的填写。

“包装”栏记明包装种类，如“木箱”“纸箱”“麻袋”“条筐”“铁桶”“绳捆”等。按件承运的货物无包装时，填记“无”字。使用集装箱运输的货物或只按质量承运的货物，本栏可以省略不填。

⑥货物价格栏的填写。

“货物价格”栏应填写该项货物的实际价格，全批货物的实际价格为确定货物保价运输保价金额或货物保险运输保险金额的依据。

⑦托运人确定质量栏的填写。

“托运人确定质量”栏，应按货物名称及包装种类分别将货物实际质量（包括包装质量）用公斤记明，“合计质量”栏，填记该批货物的总质量。

⑧托运人记载事项栏的填写。

“托运人记载事项”栏填记需要由托运人声明的事项，例如：

a. 货物状态有缺陷，但不致影响货物安全运输，应将其缺陷具体注明。

b. 需要凭证明文件运输的货物，应将证明文件名称、号码及填发日期注明。

c. 托运人派人押运的货物，注明押运人姓名和证件名称。

d. 托运易腐货物或“短寿命”放射性货物时，应记明容许运输期限；需要加冰运输的易腐货物，途中不需要加冰时，应记明“途中不需要加冰”。

e. 整车货物应注明要求使用的车种、吨位、是否需要苫盖篷布。整车货物在专用线卸车的，应记明“在××专用线卸车”。

f. 委托承运人代封的货车或集装箱，应标明“委托承运人代封”。

g. 使用自备货车或租用铁路货车在营业线上运输货物时，应记明“××单位自备车”或“××单位租用车”。使用托运人或收货人自备篷布时，应记明“自备篷布/块”。

h. 国外进口危险货物，按原包装托运时，应注明“进口原包装”。

i. 笨重货件或规格相同的零担货物，应注明货件的长、宽、高度，规格不同的零担货物应注明全批货物的体积。

j. 其他按规定需要由托运人在运单内记明的事项。

⑨托运人盖章或签字栏的填写。

托运人于运单填记完毕，并确认无误后，在“托运人盖章或签字”栏盖章或签字。

⑩领货凭证各栏的填写。

领货凭证各栏，托运人填写时（包括印章加盖与签字）应与运单相应各栏记载内容保持一致。

（2）承运人填写部分

①办理托运手续。

发站对托运人提出的运单经检查填写正确、齐全，到站营业办理范围符合规定后，应在“货物指定于×月×日搬入”栏内填写指定搬入日期；零担货物应填记运输号码，由经办人签字或盖章，交还托运人凭此将货物搬入车站，办理托运手续。

“运到期限××日”栏，填写按规定计算的货物运到期限日数。“货票第××号”栏，根据该批货物所填发的货票号码填写。

运单和领货凭证的“车种、车号”和“货车标重”栏，按整车办理的货物必须填写。运输过程中，货物发生换装时，换装站应将货物运单和货票丁联原记的车种、车号划线抹消（使它仍可辨认），并将换装后的车种、车号填记清楚，并在改正处加盖戳记，换装后的货车标记载质量有变动时，应更正货车标重。

②货车篷布号码栏的填写。

填写该批货物所苫盖的铁路货车篷布号码。使用自备篷布时，应将本栏划“—”号。“集装箱号码”栏，填写装运该批货物的集装箱箱号。

③“施封号码”栏的填写。

填写施封环或封饼上的施封号码，封饼不带施封号码时，则填写封饼个数。

④“承运人/托运人装车”栏的填写。

规定由承运人组织装车的，将“托运人”三字划消，规定由托运人组织装车的，将“承运人”三字划消。

⑤“经由”栏的填写。

货物运价里程按最短径路计算时，本栏可不填；按绕路经计算运费时，应填记绕路经由的结算站名或线名。

⑥“运价里程”栏的填写。

填写发站至到站间最短径路的里程，但绕路运输时，应填写绕路经由的里程。

⑦“承运人确定质量”栏的填写。

货物质量由承运人确定的，应将检斤后的货物质量，按货物名称及包装种类分别用公斤填记。“合计质量”栏填记该批货物总质量。

⑧“计费质量”栏的填写。

整车货物填记货车标记载质量或规定的计费质量；零担货物和集装箱货物，填记按规定处理尾数后的质量或起码质量。

⑨“运价号”栏的填写。

按“货物运价分类表”规定的各该货物运价号填写。

⑩“运价率”栏的填写。

按该批货物确定的运价号和运价里程，从“货物运价率表”中找出该批(项)货物适用的运价率进行填写。运价率规定有加成或减成时，应记明加成或减成的百分比。

实行核算、制票合并作业的车站，对运单内“经由”“运价里程”“计费质量”“运价号”“运价率”和“运费”栏，可不填写，而将有关内容直接填记于货票各该栏内。

⑪“承运人记载事项”栏的填写。

填记需要由承运人记明的事项有：

a. 货车代用，记明批准的代用命令。

b. 轻重配装，记明有关计费事项。

c. 货物运输变更，记明有关变更事项。

d. 途中装卸的货物，记明计算运费的起讫站名。

e. 需要限速运行的货物和自有动力行驶的机车，记明铁路分局承认命令。

f. 需要由承运人记明的其他事项。

⑫“发站承运日期”和“到站交付日期”栏的填写。

分别由发站和到站加盖承运或交付当日的车站日期戳。

⑬运单上所附的领货凭证的填写。

由发站加盖承运日期戳后，连同货票丙联一并交给托运人。

⑭货票丁联“收货人盖章或签字”栏的填写。

由收货人在领取货物时，盖章或签字。

⑮货票丁联“卸货时间”栏的填写。

由到站按卸车完毕的日期填写；“到货通知时间”按发出到货催领通知的时间填写。

(3)货物运到期限的计算

货物运到期限从承运人承运货物的次日起，按下列规定计算：

①货物发送期间为1日。

②货物运输期间，每250运价公里或其未满为1日；按快运办理的整车货物每500运价公里或其未满为1日。

③特殊作业时间：

a. 需要中途加冰的货物，每加冰一次，另加1日。

b. 运价里程超过250运价公里的零担货物和1t、5t型集装箱货物，另加2日；超过1 000km加3日。

c. 一件货物质量超过2t，体积超过$3m^3$或长度超过9m的零担货物及零担危险货物另加2日。

④整车分卸货物每增加一个分卸站，另加1日。

⑤准、米轨间直通运输的整车货物，另加1日。

货物实际运到日数的计算，起算时间从承运人承运货物的次日起算。对于终止时间，到站由承运人组织卸车的货物，到卸车完了时止；由收货人组织卸车的货物，到货车调到卸车地点或货车交接地点时止。货物运到期限,起码天数为 3 日。

三、小组讨论

①以小组为单位,讨论常见铁路货物运输单证的种类,并陈述铁路运单的定义和作用。

②掌握铁路运单所涉及的内容,并进行叙述。

四、制订与实施方案

①以小组为单位,通过互联网或者实际调研,调查铁路货物运输运单的种类。

②根据调研资讯,整理图片,并制作相关的铁路运输运单,要求具有合理性。

③小组交叉填写所制作的铁路运单,并按要求进行互评。

④按照实施结果,每组派代表上台展示。

⑤教师点评。

五、评价反馈

当一组同学操作时,另一组同学按照表 4-3 的评分标准进行评分。

任务评价表 表 4-3

班级: 组别: 姓名:

<table>
<tr><th>序号</th><th>作业项目</th><th>考核内容</th><th>配分</th><th>评分标准</th><th>评分记录</th><th>扣分</th><th>得分</th></tr>
<tr><td>1</td><td>调研情况</td><td>是否按要求查询铁路运单的模板与掌握企业情况</td><td>20</td><td>每错、漏一项扣 3 分,扣完为止</td><td></td><td></td><td></td></tr>
<tr><td rowspan="2">2</td><td rowspan="2">运单填制</td><td rowspan="2">是否按要求制作运单;是否按要求填写运单</td><td rowspan="2">25</td><td>每少一流程扣 5 分</td><td></td><td></td><td rowspan="2"></td></tr>
<tr><td>每个流程作业不全面扣 1 ~ 4 分</td><td></td><td></td></tr>
<tr><td>3</td><td>总结报告</td><td>是否对得与失进行总结,内容是否符合要求</td><td>30</td><td>每错、漏一项扣 5 分,扣完为止</td><td></td><td></td><td></td></tr>
<tr><td rowspan="2">4</td><td rowspan="2">安全文明生产</td><td>遵守安全操作规程,正确使用设备、操作现场整洁</td><td>10</td><td>每项扣 5 分,扣完为止</td><td></td><td></td><td></td></tr>
<tr><td>安全用电,防火,无人身、设备事故</td><td>10</td><td>因违规操作发生重大人身和设备事故,此项按 0 分计</td><td></td><td></td><td></td></tr>
<tr><td>5</td><td>团队合作能力</td><td>团队合作意识,注重沟通,能自主学习及相互协作</td><td>5</td><td>不参加者或中途离开者扣 2 分</td><td></td><td></td><td></td></tr>
<tr><td>6</td><td colspan="2">合计</td><td>100</td><td></td><td></td><td></td><td></td></tr>
</table>

学习活动4　铁路运输费用核算

学习目标

①掌握铁路费用核算的作业流程；

②掌握铁路运输费用的计算方法；

③了解铁路运输中的其他费用。

建议学时　4学时

学习地点　教室、实训室

学习准备　课本、笔记本、互联网资讯、多媒体设备

学习过程

一、任务引入

苏伟所在的企业接到某客户的托运申请，因为货物所涉及的质量与体积较大，客户需要知道各种运输方式所使用的成本最低。

苏伟根据所学的理论知识进行合理的计算，并得出成本最低的运输方案。客户非常满意，苏伟则按照王亮所教授的铁路运输费用核算的作业流程，协助客户完成此次托运。

二、知识链接

1. 铁路运输费用核算作业流程

铁路运费核算流程见图4-5。

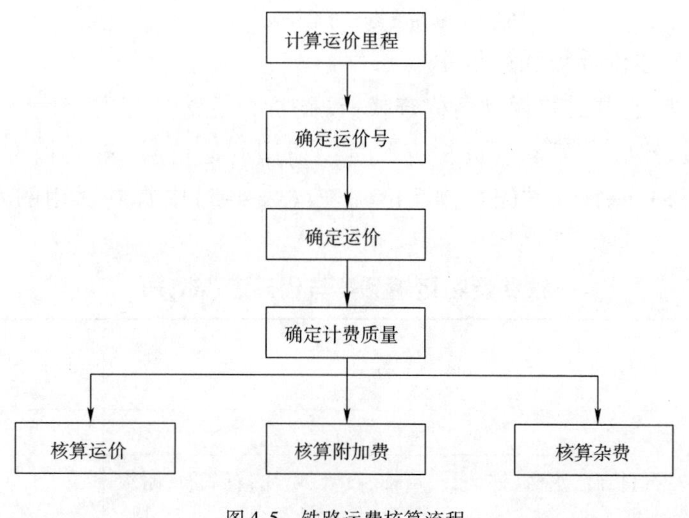

图4-5　铁路运费核算流程

2. 铁路运输费用的核算流程

(1)确定运价里程

根据《铁路货物运价里程表》(图4-6)算出发站至到站的运价里程。计算货物运费的起码里程为100km。

北京	北京																											
天津	137	天津																										
沈阳	741	707	沈阳																									
长春	1046	1012	305	长春																								
哈尔滨	1288	1354	547	242	哈尔滨																							
济南	497	360	1067	1372	1614	济南																						
合肥	1074	973	1680	1985	2227	613	合肥																					
南京	1160	1023	1730	2035	2277	663	312	南京																				
上海	1463	1326	2033	2335	2577	966	615	303	上海																			
杭州	1589	1452	2159	2464	2706	1092	451	429	201	杭州																		
南昌	1449	1444	2151	2456	2689	1137	478	838	837	636	南昌																	
福州	2334	2197	2904	3209	3451	1837	1196	1174	1173	972	622	福州																
石家庄	277	419	1126	1431	1673	301	914	964	1267	1393	1293	1915	石家庄															
郑州	689	831	1538	1843	2085	666	645	695	998	1124	927	1549	412	郑州														
武昌	1225	1367	1972	2277	2519	1202	1181	1231	1230	1029	391	1013	948	536	武昌													
长沙	1583	1725	2330	2635	2877	1560	1222	1200	1199	998	418	984	1306	894	358	长沙												
广州	2289	2431	3036	3341	2928	2151	1826	1804	1803	1602	1022	1588	2012	1600	1064	706	广州											
南宁	2561	2703	3411	6313	3855	2538	2098	2076	2075	1874	1294	1860	2282	1870	1336	978	1334	南宁										
西安	1159	1301	1906	2211	2453	1177	1156	1206	1509	1635	1412	2389	923	511	1047	1405	2111	2383	西安									
兰州	1811	1948	2552	2962	3099	1853	1832	1182	2185	2311	2088	3065	1599	1187	1723	2081	2787	3059	676	兰州								
西宁	2092	2235	2839	3144	3386	2069	2048	2098	2401	2527	2304	3281	1815	1403	1939	2297	3003	3275	892	216	西宁							
乌鲁木齐	3768	3911	4515	4820	5062	3745	3724	3774	4077	4065	4391	4957	3491	3079	3615	3973	4679	4951	2568	1892	2108	乌鲁木齐						
成都	2042	2185	2789	3094	3336	2019	1998	2048	2351	2552	2239	2805	1765	1353	1737	1923	2527	1832	842	1172	1388	3026	成都					
贵阳	2539	2681	3286	3591	3833	2516	2076	2054	2053	1852	1272	1838	2262	1850	1314	956	1560	865	1809	2139	2355	3993	967	贵阳				
昆明	3178	3320	3925	4230	4472	3119	3098	2693	3069	2868	1911	2477	2901	2489	1953	1595	2199	1504	1942	2272	2488	4126	1100	639	昆明			
太原	514	650	1255	1560	1802	532	1145	1195	1498	1624	1944	2521	231	577	1179	1537	2243	2515	651	1327	1543	3219	1493	2460	2593	太原		
呼和浩特	667	804	1408	1713	1955	1164	1777	1827	2130	2256	2674	3303	871	1362	1898	2256	2962	3234	1291	1144	1360	3036	2133	3100	3233	640	呼和浩特	
银川	1343	1480	2084	2389	2631	1840	2002	2052	2355	2481	2258	3235	1547	1357	1893	2251	2957	3229	846	468	684	2008	1342	2309	2442	1316	676	银川

图4-6 铁路货物运价里程表(单位:km)

(2)确定货物运价等级和运价率

根据货物运单上填写的货物名称查找《铁路货物运输品分类与代码表》(表4-4),确定适用的运价号;然后整车零担货物按照货物适用的运价号、集装箱货物根据箱型、冷藏车货物根据车种分别在《铁路货物运价率表》(表4-5)中查到适用的发到基价和运行基价。

铁路货物运输品类与代码表(部分) 表4-4

货　物　品　名	运价号	
	整车	零担
磷矿石、磷精矿、磷矿粉	1	21
矿渣、铝矾土、砂、石料、砖、水渣、铁矿石、石棉、石膏、草片、石灰石、耐火黏土、金属矿石	2	21

续上表

货物品名	运价号	
	整车	零担
粮食、稻谷、大米、大豆、粮食种子、食用盐、非食用盐、小麦粉、拖拉机、盐卤	2	22
麻袋片、化学农药、籽棉、石棉制品	2	24
活畜(禽、猪、羊、狗、牛、马)、蜜蜂、养蜂器具	3	22
棉胎、絮棉、旧棉、木棉	3	24
煤炭、焦炭、生铁	4	21
氧化铝、氢氧化铝、酱腌菜	4	23
鲜冻肉、鲜冻水产品、鲜蔬菜、树苗、烟叶、干蔬菜、电极糊、放射性矿石	4	24
钢锭、钢坯、钢材、钢轨、有色金属、水泥、水泥制品、金属结构及构件	5	22
石制品、玻璃、装饰加工板、胶合板、树脂、塑料、食糖、鲜冻奶、死禽、死畜、死兽、鲜瓜果、奶制品、肉制品、蛋制品、罐头、花卉、油漆、颜料、涂料、橡胶轮胎、调味品、酒、膨化食品、卷烟、纸及纸板、中成药	6	24
金属工具、塑料薄膜、洗衣粉、牙膏、搪瓷制品、肥皂、化妆品	7	24
洗衣机	8	22
电冰箱、电子计算机及其外部设备	8	23
工业机械、医疗器械、自行车、汽车、仪器、仪表、电力设备、灯泡、灯管、电线、电缆、电子管、显像管、磁带、电视机、钟、表、定时器、衡器	8	24
原油、汽油、煤油、柴油、润滑油、润滑脂	8+20%	24
挂运与自行的铁道机车、车辆及轨道机械	9	-

铁路货物运价率表 表4-5

办理类别	运价号	发到基价		运行基价	
		单位	标准	单位	标准
整车	1	元/t	4.60	元(t·km)	0.021 0
	2	元/t	5.20	元(t·km)	0.023 9
	3	元/t	6.00	元(t·km)	0.027 3
	4	元/t	6.80	元(t·km)	0.031 1
	5	元/t	7.60	元(t·km)	0.034 8
	6	元/t	8.50	元(t·km)	0.039 0
	7	元/t	9.60	元(t·km)	0.043 7
	8	元/t	10.70	元(t·km)	0.049 0

续上表

办理类别	运价号	发到基价		运行基价	
		单位	标准	单位	标准
整车	9			元(t·km)	0.150 0
	冰保	元/t	8.30	元(t·km)	0.045 5
	机保	元/t	9.80	元(t·km)	0.067 5
零担	21	元/10kg	0.085	元/10 千克公里	0.000 350
	22	元/10kg	0.101	元(10kg·km)	0.000 420
	23	元/10kg	0.122	元(10kg·km)	0.000 504
	24	元/10kg	0.146	元(10kg·km)	0.000 605
集装箱	1 吨箱	元/箱	7.00	元/箱公里	0.031 8
	5、6 吨箱	元/箱	55.20	元/箱公里	0.243 8
	10 吨箱	元/箱	85.30	元/箱公里	0.376 8
	20 英尺箱	元/箱	149.50	元/箱公里	0.660 3
	40 英尺箱	元/箱	292.30	元/箱公里	1.290 9

注:整车货物每吨运价 = 运行基价 × 运价里程;零担货物每 10kg 运价 = 发到基价 × 运价里程;集装箱货物每箱运价 = 发到基价 + 运行基价 × 运价里程;整车农用化肥按发到基价 4.20 元/t,运行基价 0.019 2 元(t·km)。

另:①整车棉花(籽棉、皮棉)按发到基价 4.90 元/t、运行基价 0.0224 元(t·km)执行。

②整车化肥、磷矿石按发到基价 4.20 元/t,运行基价 0.019 2 元(t·km)执行。

③化肥、黄磷免征铁路建设基金;棉花仅指籽棉、皮棉。

(3)确定计费质量

计费质量是根据运输种别、货物名称、货物质量与体积确定的。

①整车货物运输计费质量的确定。

整车货物运输时,一般均按货车标记载质量计算运费,以吨为单位,吨以下四舍五入;货物质量超过标记载质量时,按货物质量计费。但遇下列情况时,应区别对待:

a. 使用矿石车、平车、沙行车,经铁路局批准装运《铁路货物运输品分类与代码表》中的“01、0310、04、06、081 和 14”类货物按此 40t 计费,超过时按货物质量计费。

b.《冷藏车的计费质量表》(表 4-6)所列货车装运货物时,计费质量按表中规定计算;货物质量超过规定计费质量的,按货物质量计费;加冰冷藏车不加冰运输时,按冷藏车标重计费。

c. 使用自备冷藏车装运货物时按规定 60t 计费。

d. 标重不足 30t 的家畜车,计费质量按 30t 计算。

e. 车辆长超过计划 1.5 倍的货车而未明定计费质量的,按其超过部分以每米折合 5t 与 60t 相加之和计费。

冷藏车的计费质量表　　表 4-6

车　　型	计费质量(t)	车　　型	计费质量(t)
B22	46	B20、B2	45
B17、B19	40	B6	38
B18	35	B8、B16	30
B11	2	B7	38

②零担货物运输计费质量的计算。

按一批办理的零担货物,其起码计费质量为 100kg;零担货物的计费单位是 10kg,不足 10kg 进为 10kg。

(4)确定运价

货物适用的发到基价,加上运行基价与货物的运价里程相乘之积,算出运价,再与计费质量相乘,算出运费:

车货物每吨运价 = 发到基价 + 运行基价 × 运价里程

零担货物每 10kg 运价 = 发到基价 + 运行基价 × 运价里程

集装箱货物每箱运价 = 发到基价 + 运行基价 × 运价里程

(5)计算附加费用

铁路运输的附加费用主要包括电气化附加费、新路新价均摊运费、铁路建设基金。

①电气化附加费的计算。

铁路货物运输通过电气化铁路区段的要增加电气化附加费。我国铁路电气化区段见表 4-4,其计算公式为:

电气化附加费 = 费率 × 计费质量(箱数或轴数) × 电气化里程

②铁路新价均摊运费。

铁路货物运输通过新路区段的要增加新路新价均摊运费,其计算公式为:

新路新价均摊运费 = 均摊运价率 × 计费质量(箱数或轴数) × 运价里程

③铁路建设基金的计算。

铁路建设基金 = 费率 × 计费质量(箱数或轴数) × 运价里程

(6)杂费的计算

铁路货运杂费是铁路运输的货物自承运到交付的全过程中,铁路运输企业向托运人、收货人提供的辅助作业、劳务,以及托运人或收货人额外占用铁路设备、使用用具、备品所发生的费用。铁路货运杂费分为货运营运杂费,延期使用运输设备、违约及委托服务杂费和租金,占用运输设备杂费三大类。各项杂费按从杂费费率表中查出的费率与规定的计算单位相乘进行计算。

(7)费用总额

上述各项费用相加,就是运输费用总额。

表 4-7 ~ 表 4-9 为与本章内容相关的表格,仅供参考。

铁路电气化区段表 表 4-7

序号	线名	电化区段	区段里程	序号	线名	电化区段	区段里程
1	京山线	秦皇岛—山海关	16	24	焦柳线	月山—关林	129
2	丰台西线	丰台—丰台西	5	25	怀化南线	怀化—怀化南	4
3	京承线	丰台—双桥	43	26	宝成线	宝鸡—成都东	673
4	京秦线	双桥—秦皇岛	280	27	阳安线	平阳关—安康	357
5	京包线	沙城—大同	252	28	成渝线	成都东—重庆	500
6	大秦线	韩家岭—柳村南	652	29	川黔线	小南海—贵阳南	438
7	段大线	段甲岭—大石庄	7	30	贵昆线	贵阳南—昆明西	644
8	丰沙线	丰台—沙城	104	31	漳州线	郭坑—漳州	11
9	京广线	丰台—武昌南	1221	32	包兰线	石嘴山—兰州西	581
10	京广线	郴州—韶关	153	33	太岚线	太原北—镇城底	55
11	孟宝线	孟庙—平顶山东	64	34	口泉线	平旺—口泉	10
12	石太线	石家庄—太原北	251	35	宝中线	虢镇—迎水桥	502
13	北同蒲线	大同—太原北	347	36	干武线	干塘—武威南	172
14	玉门沟线	太原北—玉门沟	22	37	汤鹤线	汤阴—鹤壁北	19
15	太焦线	长治北—月山	153	38	马滋线	马头—新坡	12
16	汉丹线	襄樊—老河口东	57	39	侯月线	侯马北—翼城东	50
17	襄渝线	老河口东—小南海	850	40	平汝线	平罗—大武口	11
18	鹰夏线	鹰潭—厦门	694	41	成昆线	成都—昆明东	1 108
19	湘黔线	株洲北—贵定	821	42	小梨线	小南海—梨树湾	23
20	黔桂线	贵定—贵阳南	68	43	西重线	西永—重庆	24
21	陇海线	郑州北—兰州西	1 192	44	胡大线	胡东—大同东	21
22	兰新线	兰州西—武威南	279	45	渡口线	三堆子—密地	10
23	西固城线	兰州西—西固城	21				

电气化附加费费率表 表 4-8

项　目　种　类	计　费　单　位	费　　率
整车货物	元/(t·km)	0.01
零担货物	元(10kg·km)	0.000 1
自轮运转货物	元/轴 km	0.03

续上表

项目种类			计费单位	费率
集装箱	1吨箱		元/箱 km	0.006
	5、6吨箱		元/箱 km	0.05
	10吨箱		元/箱 km	0.084
	20英尺箱		元/箱 km	0.16
	40英尺箱		元/箱 km	0.34
	空自备箱	1吨箱	元/箱 km	0.003
		5、6吨箱	元/箱 km	0.025
		10吨箱	元/箱 km	0.042
		20英尺箱	元/箱 km	0.08
		40英尺箱	元/箱 km	0.17

铁路建设基金费率 表4-9

项目种类	计费单位	农药	磷矿石、棉花	其他货物
整车货物	元/t·km	0.109	0.028	0.033
零担货物	元/10kg·km	0.000 19	0.000 33	0.000 33
自轮运转货物	元/轴 km	0.099	0.099	

序号		项目		单位	费率
1		过秤费	整车轨道衡	元/车	30.00
			整车普通磅秤	元/t	4.00
			零担	元/100kg	0.40
			1吨箱	元/箱	1.50
			5、6吨箱	元/箱	7.50
			10吨箱	元/箱	15.00
			20英尺箱	元/箱	30.00
			40英尺箱	元/箱	60.00
2	表格材料费	运单	普通货物	元/张	0.10
			水陆联运货物	元/张	0.20
			国际联运货物	元/张	0.20
		货签	纸制	元/个	0.10
			其他材料	元/个	0.20
		危险货物包装标志		元/个	0.20
		物品清单		元/张	0.10
		施封锁材料费(承运人装车、箱的除外)		元/个	1.50

续上表

<table>
<tr><th>序号</th><th colspan="3">项目</th><th>单位</th><th>费率</th></tr>
<tr><td>3</td><td colspan="3">冷却费</td><td>元/t</td><td>20.00</td></tr>
<tr><td rowspan="7">4</td><td rowspan="7">长大货物车使用费</td><td rowspan="3">标重不足180t</td><td>不超重</td><td>元(t·km)</td><td>0.25</td></tr>
<tr><td>一级超重</td><td>元(t·km)</td><td>0.30</td></tr>
<tr><td>二级超重</td><td>元(t·km)</td><td>0.35</td></tr>
<tr><td rowspan="4">标重180t以上</td><td>不超重</td><td>元(t·km)</td><td>0.30</td></tr>
<tr><td>一级超重</td><td>元(t·km)</td><td>0.35</td></tr>
<tr><td>二级超重</td><td>元(t·km)</td><td>0.40</td></tr>
<tr><td>超级超重</td><td>元(t·km)</td><td>0.60</td></tr>
<tr><td>5</td><td colspan="3">长大货物车空车回送费</td><td>元/轴</td><td>300.00</td></tr>
<tr><td>6</td><td colspan="3">取送车费</td><td>元/车km</td><td>6.00</td></tr>
<tr><td>7</td><td colspan="3">机车作业费</td><td>元/半小时</td><td>60.00</td></tr>
<tr><td>8</td><td colspan="3">货车中转技术作业费</td><td>元/t(每满250km)</td><td>0.05</td></tr>
<tr><td>9</td><td colspan="3">押运人乘车费</td><td>元/人百公里</td><td>3.00</td></tr>
<tr><td rowspan="2">10</td><td colspan="2" rowspan="2">货车篷布使用费</td><td>500km以内</td><td>元/张</td><td>50.00</td></tr>
<tr><td>501km以外</td><td>元/张</td><td>70.00</td></tr>
</table>

三、小组讨论

2010年6月15日,托运人甲水果公司给收货人乙商贸公司从南宁铁路局南宁火车站发运柑橘一车,到站是长沙铁路局衡阳站,车号是××号,件数为5 200件,货物质量是50t,无其他费用。衡阳火车站核收运杂费22 690元。托运人甲水果公司认为衡阳火车站多收运费。

请问:你认为火车站多收了运费吗?以小组为单位,派代表进行合理性陈述。

四、制订与实施方案

①以小组为单位,模拟铁路运输情景,要求提前设计方案说明书,含人员安排,流程走向。

②既定任务背景:2014年3月19日,广西某铝业集团向某运输企业托运一批100t的成品铝制品,由南宁火车站发往广州火车站。该集团要求选择成本最低的运输方式进行托运,并要求运输集团提供正确合理的方案(已知:南宁至广州350km,货运基价按照表3.5进行计算)。

以小组为单位,分别扮演托运人、承运人、收货人、客服、制单人、火车站工作人员,依据铁路运输的业务流程,进行场景模拟。

③背景任务数据由其他小组提供,要求当场计算费用,并根据小组表现进行互评。

④按照已制订好的方案来进行练习，并每组派代表上台展示。

⑤教师点评。

五、评价反馈

当一组同学操作时，另一组同学按照表4-10的评分标准进行评分。

任务评价表　　表4-10

班级：　　组别：　　姓名：

序号	作业项目	考核内容	配分	评分标准	评分记录	扣分	得分
1	方案设计	方案设计是否合理，结构是否规范，人员安排是否得当	20	每错、漏一项扣3分，扣完为止			
2	模拟评判	情景设计是否合理，业务流程是否符合规范，方案结果是否合理	25	每少一流程扣5分			
				每个流程作业不全面扣1～4分			
3	总结报告	内容是否合理充实，是否含有得与失的总结	30	每错、漏一项扣5分，扣完为止			
4	安全文明生产	遵守安全操作规程，正确使用设备、操作现场整洁	10	每项扣5分，扣完为止			
		安全用电，防火，无人身、设备事故	10	因违规操作发生重大人身和设备事故，此项按0分计			
5	团队合作能力	团队合作意识，注重沟通，能自主学习及相互协作	5	不参加者或中途离开者扣2分			
6	合计		100				

学习项目5 航 空 运 输

学习目标

①了解航空运输的定义、特点、经营方式以及航空的发展趋势；

②掌握航空运输的作业流程；

③认识航空路货物运输的单证，并能熟练掌握填制单证的技能；

④掌握航空货物运输运费的计算方法，了解航空货运涉及的其他费用；

⑤利用互联网资源，收集相关图片和信息，拓展知识面。

建议学时

16学时

学习活动1 航空运输认知

学习目标

①了解航空运输的概念、特点；

②掌握航空运输的运输方式；

③了解我国航空运输的发展现状与趋势。

建议学时 4学时

学习地点 教室

学习准备 课本、笔记本、互联网资讯、多媒体设备

学习过程

一、任务引入

随着电子商务的发展，网上购物的潮流冲击着整个中国市场，而顾客看中的不只是

商品的质量与价格,也把注意力放在了速度上面。这对于民营的速运公司来说就是一个机会。由深圳市泰海投资有限公司和顺丰速运(集团)有限公司合资组建的顺丰航空货运公司,借助航空货运的发展,开启了速递行业与电商行业的一个崭新时代。

或许你了解顺丰速递,那你了解顺丰所依托航空运输的基本情况吗?

二、知识链接

1.航空运输概述

(1)航空运输

航空运输又称飞机运输,它是在具有航空线路和飞机场的条件下,利用飞机作为运输工具进行货物运输的一种运输方式。

(2)航空运输的运输方式

航空运输方式主要有班机运输、包机运输、集中托运和集中快递业务。

①班机运输。

班机运输指具有固定开航时间、航线和停靠航站的飞机。通常为客货混合型飞机,货舱容量较小,运价较高,但由于航期固定,有利于客户安排鲜活商品或急需商品的运送。

②包机运输。

包机运输是指航空公司按照约定的条件和费率,将整架飞机租给一个或若干个包机人(包机人指发货人或航空货运代理公司),从一个或几个航空站装运货物至指定目的地。包机运输适合于大宗货物运输,费率低于班机,但运送时间则比班机要长些。

③集中托运。

集中托运可以采用班机或包机运输方式,是指航空货运代理公司将若干批单独发运的货物集中成一批向航空公司办理托运,填写一份总运单送至同一目的地,然后由其委托当地的代理人负责分发给各个实际收货人。

④急件专递。

急件专递是目前航空运输中最快捷的方式,它由专门经营此项业务的部门和航空公司合作,以最迅速的方式传送急件。

2.航空运输的特点

航空运输的优缺点包括以下内容。

(1)航空运输的优点

①运行速度快。一般在800~900km/h,大大缩短了两地之间的距离。

②机动性能好。航空运输几乎可以飞越各种天然障碍,可以到达其他运输方式难以到达的地方。

(2)航空运输的缺点

飞机造价高、能耗大、运输能力小、成本很高、技术复杂。因此,只适宜长途旅客运输和体积小、价值高的物资、鲜活产品及邮件等货物运输。

3. 我国航空运输的发展

(1)我国航空运输发展情况

据《2013～2017 年中国航空物流行业服务链整合与投资预测分析报告》调查数据显示,2011 以来国内外宏观经济形势不佳,严重影响了航空货运的盈利能力,预计未来货运总体疲软的态势可能还要持续一段时间。

2011 年,全行业完成货邮运输量 557.5 万吨,比上年降低 1.0%。国内航线完成货邮运输量 379.4 万吨,比上年增长 2.4%,其中港澳台航线完成 21 万吨,比上年降低 3.0%;国际航线完成货邮运输量 178.0 万吨,比上年降低 7.6%。

2012 年 1～7 月,全行业完成货邮运输量 296.21 万吨,比上年降低 4.8%。国内航线完成货邮运输量 208.56 万吨,比上年增长 0.2%,其中港澳台航线完成 11.27 万吨,比上年降低 11.0%;国际航线完成货邮运输量 87.62 万吨,比上年降低 14.7%。

尽管目前我国航空物流行业面临一些困难,但整体而言,这些困难也只是暂时的。而航空物流作为商贸活动中最省时、最快捷的物流和货运方式,是符合时代发展潮流的,因此具有强大的生命力和庞大的发展空间。

(2)我国航空运输分布图

我国航空分布图如图 5-1 所示。

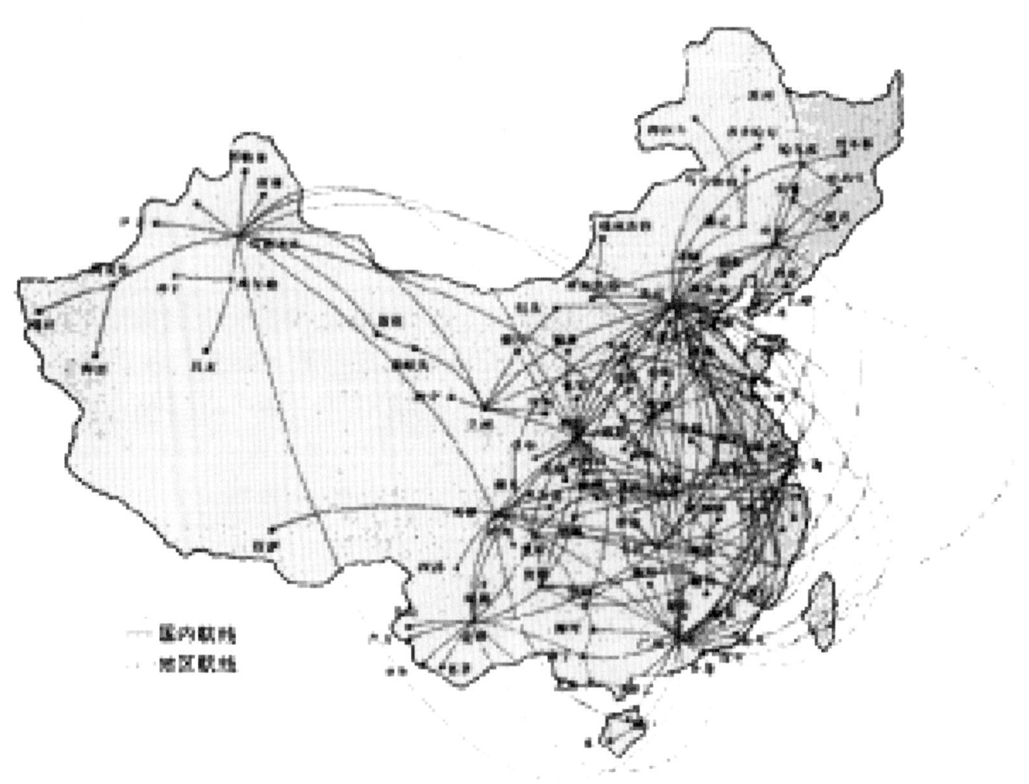

图 5-1　我国国内航空主要路线

三、小组讨论

①课堂讨论关于航空运输的特点，用具体实物案例进行表达。

②以小组为单位，派代表说出我国当前航空运输的主要运输路线。

③航空企业 LOGO 认知，教师展示各企业航空图标，加深学生对航空企业的认知。

四、制订与实施方案

既定任务背景：根据我国航空运输的发展史，依据互联网平台资讯了解某航空公司的发展历程。如中国南方航空、中国春秋航空、深圳航空、海南航空等，简要概述航空运输中涉及的术语以及基本情况，要求含以下内容：

①对所查找的航空企业，需下载企业 LOGO 图片，掌握企业的发展历程。

②概述中需含有航空运输的定义、组织形式、特点以及发展现状。

③按照已制订好的方案制作 PPT，并每组派代表上台展示。

④教师点评。

五、评价反馈

当一组同学操作时，另一组同学按照表5-1的评分标准进行评分。

任务评价表　　表5-1

班级：　　组别：　　姓名：

序号	作业项目	考核内容	配分	评分标准	评分记录	扣分	得分
1	PPT 制作	PPT 制作构架以及美观	20	每错、漏一项扣3分，扣完为止			
2	内容陈述	含航空概念介绍，航空企业背景介绍、发展历程	25	每少一流程扣5分			
				每个流程作业不全面扣1～4分			
3	表达情况	文字应用以及表达情况	30	每错、漏一项扣5分，扣完为止			
4	安全文明生产	遵守安全操作规程，正确使用设备、操作现场整洁	10	每项扣5分，扣完为止			
		安全用电，防火，无人身、设备事故	10	因违规操作发生重大人身和设备事故，此项按0分计			
5	团队合作能力	团队合作意识，注重沟通，能自主学习及相互协作	5	不参加者或中途离开者扣2分			
6	合计		100				

学习活动2　航空货物运输业务流程

学习目标

①掌握航空货物运输的业务流程；

②了解航空货物运输中的注意事项。

建议学时　4学时

学习地点　教室

学习准备　课本、笔记本、互联网资讯、多媒体设备

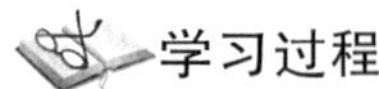

学习过程

一、任务引入

南宁某单位需要从北京紧急调运一批贵重精密仪器，委托某物流公司完成此项任务。为保证运输快捷、保质、保量、准时地完成。物流公司联系了中国南方航空公司进行运输。

请问：该物流公司应该向西南航空公司办理哪些业务？

二、知识链接

在航空货物运输各方式中主要包括班机货物进出港的业务流程。在班机货物运输的业务流程中主要包括出港业务流程和进港业务流程两大环节。出港货物流程是指从托运人发货到承运人把货物装上飞机的物流、信息流的实现和控制管理的全过程。出港货物流程包括货方的出港货运流程和航空公司出港货物的操作程序两大部分。

1. 货物出港流程

(1)货方的出港货运流程

在货方航空货物运输流程中，这里以最复杂的航空货物出口运输为例进行说明，通常这一工作是委托航空货运代理人办理。

①委托运输。

发货人与航空货运代理公司就出口货物运输事宜达成意向后，发货人需填写货物托运书，作为货主委托代理办理航空货物运输的依据，航空货运代理根据委托书要求办理出口手续，并据以结算费用。

②审核单证。

审核确认的托运书以及报关单证和收货凭证，制作操作交接单，填上所收到的各种报关单证份数，给每份交接单配一份总运单或分运单。

③接收货物。

接收货物一般与接单同时进行。接收时应对货物进行称量和丈量，并根据发票、装箱单或送货单清点货物，并核对货物的数量、品名、合同号或唛头等是否与货运单上所列一致，并且还要检查货物的外包装是否符合运输基本要求，然后在每件货物的包装上详细写明收货人、通知人和托运人的姓名和地址。

④制作标签。

根据情况制作标签。标签根据其作用，可以分为识别标签、特种货物标签和操作标签等。识别标签是用以说明货物的货运单号码、件数、重量、始发站、目的站、中转站的一种运输标志；特种货物标签是说明特种货物性质的各类识别标志，分为活动物标签、危险品标签和鲜活易腐物品标签；操作标签是说明货物出运注意事项的各类标志。

⑤配舱、订舱。

配舱、订舱是指需要运出的货物都已入库后，核对货物的实际件数、质量、体积与托运书上预报数量的差别，根据预订舱位、板箱的领用合理搭配，按照各航班机型、板箱型号、高度、数量进行配载，并将所接收空运货物向航空公司正式提出运输申请并订妥舱位。货物订舱需根据发货人的要求和货物标识的特点而定。

⑥交接发运。

交接发运是向航空公司交单交货，由航空公司安排航空运输。交单就是将随机单据和应由承运人留存的单据交给航空公司，交货即把与单证相符的货物交给航空公司。

⑦航班跟踪。

航班跟踪是指在将单证交给航空公司后，航空公司会由于种种原因，如航班取消、延误、故障、改机型、错运等，未能将货物按照预订的时间运出，所以应从单证交给航空公司后就要对航班、货物进行跟踪。

⑧费用结算。

费用结算主要涉及航空代理人同发货人、承运人和国外代理人三方面的结算。在运费预付的情况下，涉及的费用主要有航空运费、地面运输费、各种服务费和手续费。

(2)航空公司出港货物的操作程序

航空公司出港货物的操作程序是指自货方将货物交给航空公司，直到货物装上飞机的整个操作程序，包括预审、整理、称重和入库、出库等环节。

预审国际货物订舱单。此单由国际吨控室开具，作为配载人员进行配载工作的依据，配载人员应严格按照这一单据的要求配载。

整理的单据主要包括三个方面：已入库的大货单据、现场收运的货物单据以及中转的散货单据。

对货物进行称重等计量工作后可把货物入库。在货物出港时要制作平衡交接单、舱单。配载工作全部完成后，制作平衡交单，内容包括航班、日期、机型、起飞时间、板箱号、质量、总板箱号、总质量等；对于鲜活物品、快件、邮件以及特殊物品要做出标识，并要注明高、中、低板。

在对航班所载货物的运单进行核对和将运单和货物组装情况输入电脑后，制作舱单。舱单是每一架飞机所装载货物、邮件的清单，是每一航班总申报单的附件，也是向出境国、入境国海关申报飞机所载货、邮情况的文件，是和承运人之间结算运费的依据之一。

2.航空货物进港操作程序

航空货物进港程序是指从飞机到达目的地机场开始，航空公司将货物卸下飞机，直到交给收件人的物流、信息流的实现和控制管理的全过程。以国际航空货物运输为例，其进口业务流程主要包括航空公司进港货物的操作程序和航空货物进口运输货方进口货运流程两大部分。

(1)航空公司进港货物的操作程序

航空公司进港货物的操作程序是指从飞机到达目的地机场，承运人把货物卸下飞机直到交给货方的整个操作流程。

①进港航班预报。航空公司及其地面代理人填写航班预报记录，以当日航班进港预报为依据，在航班预报册中逐项填写航班号、机号、预计到达时间。要求预先了解货物情况，在每个航班到达之前，从查询部门掌握航班信息，了解到达航班的货物装机情况和特殊货物的处理情况。

②办理货物海关监管。指在收到业务袋后，检查业务袋的文件是否完备，并将货运单送到海关办公室，由海关人员在货运单上加盖海关监管章的手续。业务袋中通常包括货运单、货邮舱单、邮件路单等运输文件。

③分单业务。指在每份货运单的正本上加盖或书写到达航班的航班号和日期。要求认真核对货运单，注意运单上所列目的港、代理公司、品名和运输保管注意事项。

④核对运单和舱单。要求根据分单情况，在整理出的舱单上标明每票运单的去向。若舱单上有分批货，则应把分批货的总件数标在运单号之后，并注明分批标志，把舱单上列出的特种货物、联程货物圈出。核对运单份数与舱单份数是否一致，做好多单、少单记录，将多单运单号码加在舱单上，多单运单交查询部门。

(2)货方的进口货运流程

货方的航空货物运输业务程序通常由航空货运代理人来完成，它是指对于货物从入境到提取或转运整个流程的各个环节所需办理的手续以及准备相关单证的全过程。该业务程序包括到货预报、交接单货、理货与仓储、理单与到货通知、制单与报关、收费与发货、送货与转运。

在国外或者国内发货之前，由发货方将运单、航班、件数、质量、品名、实际收货人及其地址、联系电话等内容通过传真或电子邮件等方式发至目的地，这一过程被称为到货预报。

对于国际航空货物运输，货物入境时，与货物有关的单据也随机到达。运输工具及货物处于海关监管之下，货物卸下后，被存入航空公司或机场的监管仓库，进行进口货物舱单录入，将舱单上的相关信息通过电脑传输给海关留存，供报关用。航空公司或其地面代理人发提货通知。若运单上收货人或通知人为某航空集运商时,则将运输单据及与之相关的货物交给该集运商。

航空公司的地面代理人与集运商进行国际货物交接清单、总运单、随机文件和货物的交接。交接是要做到单单核对,即交接清单与总运单核对;单货核对,即交接清单与货物核对。

理货与仓储是指集运商自航空公司接货后立即短途驳运进自己的监管仓库,组织理货及仓储。理单与到货通知是指集运商整理有关单证和向收货人发出到货通知的工作。货物到目的港后,货运代理人应从航空运输的实效出发,为减少货主仓储费用,避免海关滞纳金,应尽早、尽快、尽妥地通知货主到货情况,提醒货主配齐有关单证,尽快报关,即向收货人发出到货通知。

制单与报关是指按海关要求,依据运单、发票、装箱单及证明货物合法进口的有关批准文件,制作"进口货物报关单"等单证。要求异地清关时,在符合海关规定的情况下,制作"转关运输申报单",办理转关手续,然后办理进口报关。

货物交接时,需再次检查货物外包装的情况,遇有破损、短缺,监管仓库应向货主做出交待。发货时一般要收取相关费用,收费项目包括到付运费及垫付佣金、单证报关费、仓储费、装卸铲车费以及海关报检等相关费用。

集运商可以为货主提供送货与转送服务。送货上门服务是指进口清关后的货物直接运送到货主单位,运输工具一般为汽车。转运业务是指将进口清关后的货物转运至内地的货运代理公司,运输方式主要包括飞机、汽车、火车、水运、邮政。

3.航空运输注意事项

①凡对人体、动植物有害的菌种、带菌培养基等微生物制品,非经民航总局特殊批准不得承运。

②凡经人工制造、提炼,进行无菌处理的疫苗、菌苗、抗菌素、血清等生物制品,如托运人提供无菌、无毒证明可按普货承运。

③微生物及有害生物制品的仓储、运输应当远离食品。

④植物和植物产品运输须凭托运人所在地县级(含)以上的植物检疫部门出具的有效"植物检疫证书"。

⑤托运人要求急运的货物,经承运人同意,可以办理急件运输,并按规定收取急件运费。

⑥骨灰应当装在封闭的塑料袋或其他密封容器内,外加木盒,最外层用布包装。

三、小组讨论

①讨论航空运输中货物进出港的区别,并绘制成表格进行比较。

②回顾所学的理论知识,绘制航空运输货物进出港的业务流程图。

四、制订与实施方案

①模拟航空运输业务流程,进行角色扮演,含托运人、承运人、航空客服、收货人。

②既定任务背景：

某公司需要托运一批紧急的鲜活东北活鱼至南宁，委托某运输企业运输。运输企业到中国南方航空货运部进行业务办理。

③按照业务流程办理业务，需进行简单话语沟通与细节障碍设置。

④提交总结报告，按照总结报告每组派代表上台展示。

⑤教师点评。

五、评价反馈

当一组同学操作时，另一组同学按照表5-2的评分标准进行评分。

任务评价表 表5-2

班级： 组别： 姓名：

序号	作业项目	考核内容	配分	评分标准	评分记录	扣分	得分
1	方案设计	是否按要求提前制定模拟具体流程	20	每错、漏一项扣3分，扣完为止			
2	流程演示	是否符合航空运输业务流程，是否存在违规问题	25	每少一流程扣5分			
				每个流程作业不全面扣1～4分			
3	总结与展示	总结是否合理得当	30	每错、漏一项扣5分，扣完为止			
4	安全文明生产	遵守安全操作规程，正确使用设备、操作现场整洁	10	每项扣5分，扣完为止			
		安全用电，防火，无人身、设备事故	10	因违规操作发生重大人身和设备事故，此项按0分计			
5	团队合作能力	团队合作意识，注重沟通，能自主学习及相互协作	5	不参加者或中途离开者扣2分			
6	合计		100				

学习活动3 航空运输单证的填制

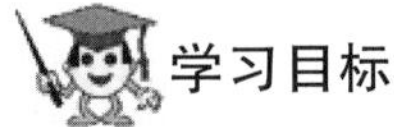
学习目标

①了解航空运单的概念、种类、作用；

②掌握航空运单所涉及的内容；

③掌握填制航空运单的能力，熟悉填制运单的注意事项。

建议学时 4学时

学习地点 教室

学习准备 课本、笔记本、互联网资讯、多媒体设备

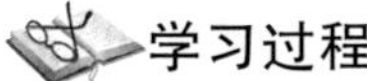

学习过程

一、任务引入

某高科技企业需要从北京将样品托运至南宁展示，向某运输公司申请托运。业务员小芳接待了这名客户，并前往航空公司办理业务。

请问，小芳需要在航空运输单上填写什么内容？需要注意的细节有哪些？

二、知识链接

1. 航空运输单证概述

(1)航空运单

航空运输单证是进行航空运输必不可少的单据，是承运人和托运人之间的运输契约，是由承运人或其代理人出具的一个重要的货物单据。常见的航空运单如图5-2所示。

国内航空运单

<table>
<tr><td colspan="2">出发站</td><td colspan="2"></td><td>到达站</td><td colspan="2"></td></tr>
<tr><td colspan="2">收货人名称</td><td colspan="2"></td><td>电话</td><td colspan="2"></td></tr>
<tr><td colspan="2">收货人地址</td><td colspan="5"></td></tr>
<tr><td colspan="2">发货人名称</td><td colspan="5"></td></tr>
<tr><td colspan="2">发货人地址</td><td colspan="5"></td></tr>
<tr><td colspan="2">空路转运</td><td colspan="2">自　　至</td><td>运输方式</td><td colspan="2"></td></tr>
<tr><td>货物品名</td><td>件数及包装</td><td colspan="4">质　量</td><td>价　值</td></tr>
<tr><td rowspan="2"></td><td rowspan="2"></td><td colspan="2">计费</td><td colspan="2">实际</td><td rowspan="2"></td></tr>
<tr><td colspan="2"></td><td colspan="2"></td></tr>
<tr><td colspan="2">航空运费(每千克￥)</td><td>￥</td><td colspan="3" rowspan="3">储运注意事项</td><td rowspan="6">收运站
日期
经手人</td></tr>
<tr><td colspan="2">地面运输费(每千克￥)</td><td>￥</td></tr>
<tr><td colspan="2">空陆转运费(每千克￥)</td><td>￥</td></tr>
<tr><td colspan="2">中转费(每千克￥)</td><td>￥</td><td colspan="3" rowspan="3"></td></tr>
<tr><td colspan="2">其他费用</td><td>￥</td></tr>
<tr><td colspan="2">合计</td><td>￥</td></tr>
</table>

图5-2 国内航空运单

(2)航空运单的作用

①航空运单是发货人与航空承运人之间的运输合同。

与海运提单不同,航空运单不仅证明航空运输合同的存在,而且航空运单本身就是发货人与航空运输承运人之间缔结的货物运输合同,在双方共同签署后产生效力,并在货物到达目的地交付给运单上所记载的收获人后失效。

②航空运单是承运人签发的已接收货物的证明。

航空运单也是货物收据,在发货人将货物发运后,承运人或其代理人就会将其中一份交给发货人(即发货人联),作为已经接收货物的证明。除非另外注明,它是承运人收到货物并在良好条件下转运的证明。

③航空运单是承运人据以核收运费的账单。

航空运单分别记载着属于收货人负担的费用、属于应支付给承运人的费用和应支付给代理人的费用、并详细列明费用的种类和金额,因此可作为运费账单和发票。承运人往往也将其中的承运人联作为记账凭证。

④报关单证。

第三份运单正本由航空公司随机带交收货人,收货人凭此核收货物,同时作为向海关报关的基本单证和海关验收的主要凭证。

⑤保险证明。

如果承运人投保或发货人要求承运人代办保险,航空货运单即可作为保险证明。

⑥承运人内部业务的交接依据。

承运人必须根据货运单上记载的各项内容和指示办理货物的发运、转运、交付等项事宜。如果货物出现漏发、错发等事故,航空货运单是办理查询和交涉的主要依据。

货运单的有效期为货运单填制完毕,托运人或其代理人和承运人或其代理人签字后开始生效。货物运到目的地,收货人提取货物并在货运单交付联上签署认可后,货运单作为运输凭证的有效期即告终止。但作为运输合同,其法律依据的有效期应延长至运输终止后两年。

2.航空运输单证填制

(1)航空运单填制内容

①填单地点和日期。

②出发地点和目的地点。

③第一承运人的名称和地址。

④托运人的名称和地址。

⑤收货人的名称和地址。

⑥货物品名和性质。

⑦货物的包装方式和件数。

⑧货物的质量、体积或尺寸。

⑨运输说明事项。

⑩托运人的声明。

(2)内航空运单各联的用途

航空运单一式八联。其中正本三联,副本五联,三联正本具有同等法律效力。

第一联,甲联:正本,蓝色,为托运人联。作为托运人支付货物运费,并将货物交由承运人运输的凭证。

第二联,乙联:正本,绿色,为财务联。作为收取货物运费的凭证交财务部门。

第三联,丙联:副本,白色,为第一承运人联。由第一承运人留交其财务部门作为结算凭证。

第四联,丁联:正本,粉红色,为收货人联。在目的站交收货人。

第五联,戊联:副本,黄色,为货物交付联。收货人提取货物时在此联签字,由承运人留存,作为货物已经交付收货人的凭证。

第六联,己联:副本,白色,为目的站联。由目的站机场留存,也可作为第三承运人联,由第三承运人留交其财务部门作为结算凭证。

第七联,庚联:副本,白色,为第二承运人联。由第二承运人留交其财务部门作为结算凭证。

第八联,辛联:副本,白色,为代理人联(存根联)。由货运单填置人留存备查。

货运单的第三联正本具有同等法律效力,一联交承运人,一联交收货人,一联交托运人。分别由托运人签字或盖章,由承运人接收货物后签字或盖章。

货运单的承运人联应当自填开票次日起保存两年。

(3)填制注意事项

航空运单由托运人填写,连同货物交给承运人。如承运人依据托运人提供的托运书填写货运单并经托运人签字,则该货运单应当视为代托运人填写。托运人应当对货运单上所填关于货物的说明或声明的正确性负责。

①出发站、到达站:填写出发站和到达站的全称,国内航空公司的名称和代号。

②收货人、托运人的姓名、单位、地址、邮政编码和电话:填写单位或个人的全名、详细地址、邮政编码、电话。保密单位应写邮政信箱号码或单位代码。

③件数:填写实际的件数及包装种类。

④货物品名及包装:填写货物的具体品名而非表示货物类别的笼统名称以及包装材料。

⑤储运注意事项:填写货物特性和储运注意事项,如“易碎”、“防潮”等;货物到达后的提取方式;个人托运物品的详细内容和数量等。

⑥其他:填制货运单后,如遇运价调整,运费多不退、少不补。托运人如有异议,可将货物退运,按新运价重新托运。

三、小组讨论

①讨论航空运输中常见的单证类型,并叙述单证填制涉及的内容。

②叙述单证填制时候的注意事项以及航空运单各联的作用。

③利用互联网知识,探讨航空运单填制的案例,分析问题,并提出合理的方案。如既定案例:一票从上海运往法国巴黎的瓷器,托运书上正确描述了货物的易碎性质,但是航空代理填制运单中,没有写明该货物中的易碎性质,在货物到达巴黎后,交货时,发现该批货物已经严重受损。

请问,收货人应向承运人还是航空企业提出索赔,为什么?

四、制订与实施方案

①以小组为单位,通过互联网或者实际调研,调查航空货物运输运单的种类和原始单证模版。

②根据调研资讯,整理图片,制作相关的航空运输运单,要求具有合理性。

③小组交叉填写所制作的航空运单,并按要求进行互评。

④按照实施结果,每组派代表上台展示。

⑤教师点评。

五、评价反馈

当一组同学操作时,另一组同学按照表5-3的评分标准进行评分。

任务评价表 表5-3

班级: 组别: 姓名:

序号	作业项目	考核内容	配分	评分标准	评分记录	扣分	得分
1	调研形式	要求保留调研方式,并有具体实施方案	20	每错、漏一项扣3分,扣完为止			
2	调研内容与运单填制	是否含有原运输单证模版,制作模版是否规范,运单填制是否完整,规范	25	每少一流程扣5分			
				每个流程作业不全面扣1~4分			
3	总结报告	内容是否合理完整	30	每错、漏一项扣5分,扣完为止			
4	安全文明生产	遵守安全操作规程,正确使用设备、操作现场整洁	10	每项扣5分,扣完为止			
		安全用电,防火,无人身、设备事故	10	因违规操作发生重大人身和设备事故,此项按0分计			
5	团队合作能力	团队合作意识,注重沟通,能自主学习及相互协作	5	不参加者或中途离开者扣2分			
6	合计		100				

学习活动4 航空运输费用核算

学习目标

①了解航空运费费用的组成结构；

②掌握航空运输费用的计算公式；

③了解我国民航局颁布的基本航空运价表。

建议学时 4学时

学习地点 教室

学习准备 课本、笔记本、互联网资讯、多媒体设备

学习过程

一、任务引入

小张让朋友帮忙从美国购买了一种特效药，并要求朋友通过航空快速运到南宁。小张的朋友买到药后，到航空公司办理托运业务。药品质量为30kg，南方航空公司收费为150元。小张的朋友有点疑惑，不知这个收费合理否。你能帮他解决吗？

二、知识链接

1. 航空货物运价概念

(1)航空货物运价的概念

航空货物运价是指出发地机场至目的地机场之间的航空运输价格，不包括机场与市区间的地面运输费及其他费用。

(2)航空货物运价的特点

①航空货物运价是指从一机场到另一个机场的货物运输，而且只适用于单一方向。

②航空货物运价不包括其他额外费用，如提货、报关、接交和仓储费用等。

③航空货物运价通常使用当地货币公布(国内货物运价的货币单位是人民币)。

④航空货物运价一般以公斤为计算单位。

⑤航空运单中的运价是按出具运单之日所使用的运价。

2. 航空货物运输运价种类

根据航空货物运输价格的影响因素，归纳起来，目前航空货物运输市场中主要有以下几种常见的运价。

(1)普通货物运价

这种价格适用于各种货物，以货物质量计算运费，如北京至国内航线货物运价表中

的运价。航空公司通常对普通货物设置货物质量等级,根据不同的货物质量等级采用不同的运输价格,货物质量越大,运价越优惠。

①基础运价(代号 N)。

民航总局统一规定各航段货物基础运价,基础运价为 45kg 以上的普通货物运价,金额以角为单位。

②质量分界点运价(代号 Q)。

国内航空货物运输建立 45kg 以上、100kg 以上、300kg 以上三级质量分界点及运价。

(2)指定物品运价(代号 C)

指定物品运价适用于某一航线上明确分类的特定物品的运价,如一些批量大、季节性强、单位价值低的货物。许多指定物品运价还同时包括对大宗货物运价的折扣。

指定物品运价因航线而异,航空公司通过提供指定物品运价来鼓励顾客采用航空运输,以充分利用吨位、解决方向性运输不平衡的问题,以提高运载率、降低运输成本。

例如,某航空公司指定运价中货物的类别如下:

①海鲜类、水产品、普通植物、食品、冷冻制品和鲜花。

②禽苗、海鲜苗及虾类货物。

③服装、服装辅料、纺织品、布匹、鞋类、鞋材、皮料和皮类制品。

④除以上 3 类外的普通货物。

急件、鲜活易腐物品、贵重物品、活体动物、枪械弹药、押运货和生物制品等特种货物实行等级运价,按 N 运价的 150% 计收。

(3)等级运价(代号 S)

等级运价是指航空公司对某些特定货物提控的折扣运价或额外运价。例如,航空公司对发行的报纸提供普通运价的 50% 折扣运价;对急件、机械、弹药、押运货物等货物实行等级货物运价,按照基础运价的 150% 计收运费。

(4)最低运费(代号 M)

每票国内航空货物最低运费为人民币 30 元。

(5)集装运价

集装运价适用于采用集装箱运输的货物。

(6)协议运价

协议运价是航空公司鼓励客户使用航空运输的一种运价。航空公司与客户签订协议,客户保证在协议期内向航空公司交运一定数量的货物,航空公司依协议向客户提供一定数量的运价折扣。

(7)联运运价

如果在始发站和目的站之间需要多个航空公司承运,则采用联运运价。联运运价一般是国家颁布的价格。

(8)预定舱位运价

如果客户优先预订舱位,则采用预订舱位运价。对于预订舱位,有的航空公司采用缴纳一定数量的保证金后给予预留吨位,然后采用普通运价。

(9)其他特殊运价

如危险品运输等需要特殊服务的物品运输,则采用特殊运价。

(10)航空附加费

①声明价值附加费。

《华沙公约》中规定,对由于承运人自身的疏忽或故意而造成的货物损坏、丢失或延迟等所承担的责任,其最高赔偿金额为每千克货物毛重20美元,或同等价值的当地货币。

如果货物的价值毛重每千克超过20美元时,就增加了承运人的责任。在这种情况下,如果发货人要求在发生货损货差时全额赔偿,则发货人在交运货物时,就应向承运人或其代理人声明货物的价值,该价值称为“供运输用的声明价值”。该声明价值为承运人应负赔偿责任的限额,承运人或其代理人根据货物的声明价值向托运人收取一定的费用,该费用即为声明价值附加费。一般按超过部分的0.5%收取,并与航空公司运费一起收取。

托运人在办理货物的声明价值时,需按整批货物办理,不得办理部分货物的声明价值或整批货物中办理两种不同的声明价值。

声明价值附加费的计算方法如下:

声明价值附加费 =(整批货物的声明价值 - 20.00美元/kg × 货物毛重)× 声明价值附加费率

声明价值附加费的费率通常为0.5%。

②其他附加费。

其他附加费包括货到付款服务费、货运单费(即制单费)、中转手续费、地面运输费等。一般只有在承运人或航空代理人提供服务时才收取。

3. 航空运输运费核算流程

(1)计费质量确定

①体积质量。

将货物的体积按一定的比例折合为质量,此质量称为体积质量。每千克(kg)的货物其体积超过6 000cm^3或366in^3时,以体积质量为计费质量。

体积质量的计算方法为:

a. 测量出货物的最长、最宽和最高部分的尺寸(单位为厘米或英寸),三者相乘算出体积,尾数四舍五入。在货运站丈量货物的外包装时,要比箱子的实际尺寸多出1~2cm,如果箱子有突出部分,按突出部分的长度来计算。

b. 将体积折算成质量。轻泡货物以每6 000cm^3折合1kg计重:计费质量(kg) = 长(cm) × 高(cm)/6 000。

②计费质量。

航空公司规定,在货物体积小、质量大时,按实际质量计算;在货物体积大、质量小时，按体积计算。在集中托运时，一批货物由几件不同的货物组成，有轻泡货也有重货。其计费质量则采用整批货物的总毛重或总的体积质量，按两者之中较高的一个计算。

（2）运费计算流程（图 5-3）

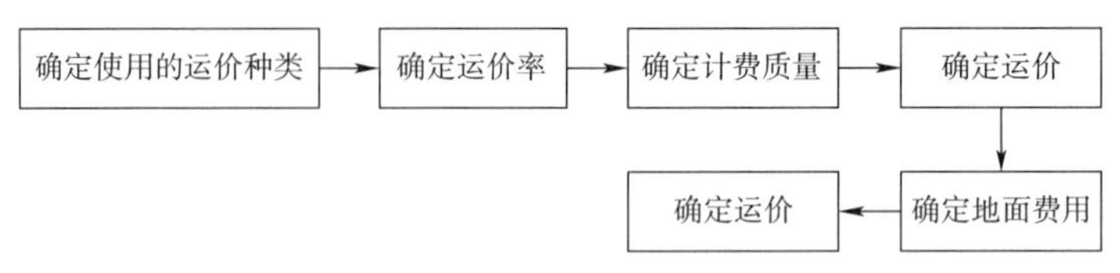

图 5-3　运费计算流程

三、小组讨论

托运人交运一件从广州运往成都的货物，毛重 3.1kg，货物品名为服装样本，包装为纸箱，尺寸为 20cm × 30cm × 20cm × 1，计算该票货物航空运费。表 5-4 为不同货物种类的运价。

不同货物种类的运价　　表 5-4

货物种类	运价（元）	货物种类	运价（元）
M：最低运费	30.00	C：指定商品运价	2.30
N：45kg 以下普通货物运价	6.70	S：等级货物运价	2.00
Q：45kg 以上普通货物运价	4.00		

体积：$20\text{cm}\times30\text{cm}\times20\text{cm}=12\ 000\text{cm}^3$

体积质量：$12\ 000\text{cm}^3\div6\ 000\text{cm}^3/\text{kg}=2.0\text{kg}$

实际质量：3kg

计费质量：3kg

运价：N 运价　6.70 元/kg

航空运费：6.70 × 3 = 20.10 元

最低运费：30.00 元

航空运费：应提高至最低运费人民币 30.00 元

四、制订与实施方案

①以小组为单位，模拟铁路运输情景，要求提前设计方案说明书，含人员安排，流程走向。

②既定任务背景：2014 年 1 月 20 日，上海某珠宝向某运输企业托运一批 200kg 的成品珠宝，由上海浦东机场发往北京国际机场。该集团要求提供托运的成本（不含代理费用），并要求运输集团提供数据（货运基价按照表进行计算）。

以小组为单位，分别扮演托运人、承运人、收货人、客服、制单人、机场工作人员，依据航空运输的业务流程，进行场景模拟。

③背景任务数据(主要为商品的质量、航班基价)由其他小组提供,要求当场计算费用,并根据小组表现进行互评。

④按照已制订好的方案来进行练习,并每组派代表上台展示。

⑤教师点评。

五、评价反馈

当一组同学操作时,另一组同学按照表5-5的评分标准进行评分。

任务评价表 表5-5

班级: 组别: 姓名:

序号	作业项目	考核内容	配分	评分标准	评分记录	扣分	得分
1	方案设计	方案是否合理设计,是否包含具体步骤	20	每错、漏一项扣3分,扣完为止			
2	场景模拟	流程是否合理,是否掌握计算方法,是否准确计算	25	每少一流程扣5分			
				每个流程作业不全面扣1~4分			
3	总结报告	总结是否完整,表达是否流畅	30	每错、漏一项扣5分,扣完为止			
4	安全文明生产	遵守安全操作规程,正确使用设备、操作现场整洁	10	每项扣5分,扣完为止			
		安全用电,防火,无人身、设备事故	10	因违规操作发生重大人身和设备事故,此项按0分计			
5	团队合作能力	团队合作意识,注重沟通,能自主学习及相互协作	5	不参加者或中途离开者扣2分			
6	合计		100				

学习项目6　管道运输

①了解管道运输的定义、特点、经营方式以及管道的发展趋势；
②了解常用于管道运输的货物；
③掌握管道运输的构成和设备；
④了解管道运输的管理内容；
⑤利用互联网资源，收集相关图片和信息，拓展知识面。

8学时

学习活动1　管道运输认知

学习目标

①了解管道运输的定义、分类和特点；
②了解常用于管道运输的货物；
③了解管道运输的发展情况。

建议学时　4学时

学习地点　教室

学习准备　课本、笔记本、互联网资讯、多媒体设备

学习过程

一、任务引入

学校将组织某物流班级的同学参观某市中石化企业，并要求同学们提前预习相关

的知识点，并要求针对所要求的知识内容，对可参观部分的流程设备进行拍摄，并进行总结。参观途中，带队教师根据所见所闻对参观同学进行提问。

同学们需要提前预习的知识点内容包括管道运输的定义、作用、种类和特点，并掌握管道运输的发展情况。

二、知识链接

1. 管道运输概述

管道运输（Pipeline transport）是用管道作为运输工具的一种长距离输送液体和气体物资的输方式，是一种专门由生产地向市场输送石油、煤和化学产品的运输方式，是统一运输网中干线运输的特殊组成部分。

管道运输包括：①原油管道运输；②成品油管道运输；③天然气管道运输；④固体料浆管道运输。

2. 管道运输的特点

(1) 主要优点

①运量大。

一条输油管线可以源源不断地完成输送任务。根据其管径的大小不同，其每年的运输量可达数百万吨到几千万吨，甚至超过亿吨。

②占地少。

运输管道通常埋于地下，其占用的土地很少；运输系统的建设实践证明，运输管道埋藏于地下的部分占管道总长度的95%以上，因而对于土地的永久性占用很少，分别仅为公路的3%，铁路的10%左右，在交通运输规划系统中，优先考虑管道运输方案，对于节约土地资源，意义重大。

③管道运输建设周期短、费用低。

国内外交通运输系统建设的大量实践证明，管道运输系统的建设周期与相同运量的铁路建设周期相比，一般来说要短1/3以上。新疆至上海市的全长4 200km的天然气运输管道，预期建设周期不会超过2年，但是如果新建同样运量的铁路专线，建设周期在3年以上。

④管道运输安全可靠、连续性强。

由于石油天然气易燃、易爆、易挥发、易泄漏，采用管道运输方式，既安全，又可以大大减少挥发损耗，同时由于泄露导致的对空气、水和土壤污染也可大大减少，也就是说，管道运输能较好地满足运输工程的绿色化要求，此外，由于管道基本埋藏于地下，其运输过程恶劣多变的气候条件影响小，可以确保运输系统长期稳定地运行。

⑤管道运输耗能少、成本低、效益好。

发达国家采用管道运输石油，每吨千米的能耗不足铁路的1/7，在大量运输时的运输成本与水运接近，因此在无水条件下，采用管道运输是一种最为节能的运输方式。管道运输是一种连续工程，运输系统不存在空载行程，因而系统的运输效率高，理论分析和实践经验已证明，管道口径越大，运输距离越远，运输量越大，运输成本就越低，以运输石油为例，管道运输、水路运输、铁路运输的运输成本之比为1:1:1.7。

(2)缺点

①灵活性差。

管道运输不如其他运输方式(如汽车运输)灵活，除承运的货物比较单一外，它也不容随便扩展管线，实现“门到门”的运输服务。对一般用户来说，管道运输常常要与铁路运输或汽车运输、水路运输配合才能完成全程输送。

②专用性强。

运输对象受到限制，承运的货物比较单一。只适合运输诸如石油、天然气、化学品、碎煤浆等气体和液体货物。

③专营性强。

管道运输属于专用运输，其成产与运销混为一体，不提供给其他发货人使用。

④固定投资大。

为了进行连续输送，还需要在各中间站建立储存库和加压站，以促进管道运输的畅通。

3. 管道运输的发展情况

管道在中国是既古老又年轻的运输方式。早在公元前3世纪，中国就创造了利用竹子连接成管道输送卤水的运输方式，可说是世界管道运输的开端。到19世纪末，四川自流井输送天然气和卤水的竹子管道长达200多千米。但现代化管道运输则自20世纪50年代以来方得到发展。1958年冬修建了中国第1条现代输油干线管道——新疆克拉玛依到乌苏独山子的原油管道，全长147km。60年代以来，随着大油田的相继开发，在东北、华北、华东地区先后修建20多条输油管道，总长度达5 998多千米，其中原油管道5 438km，成品油管道560多千米。

我国目前的管道运输主要有：大庆—铁岭—大连港；大庆—铁岭—秦皇岛—北京；任丘—北京；任丘—沧州—临邑；濮阳—临邑；东营—青岛市黄岛；东营—临邑—齐河—仪征等。基本上使东北、华北、华东地区形成了原油管道网。此外，新疆克拉玛依—乌鲁木齐，广东茂名—湛江等地也建有输原油管道。

2007年，中国已建油气管道的总长度约6万千米，其中原油管道1.7万千米，成品油管道1.2万千米，天然气管道3.1万千米。中国已逐渐形成了跨区域的油气管网供应格局。随着中国石油企业“走出去”战略的实施，中国石油企业在海外的合作区块和油气产量不断增加，海外份额油田或合作区块的外输原油管道也得到了发展。

“十一五”期间，中国将加快油气干线管网和配套设施的规划建设，逐步完善全国油气管线网络，建成西油东送、北油南运成品油管道，同时建设第二条西气东输管道及陆路进口油气管道。

未来10年是中国管道工业的黄金期，除得益于中国经济的持续快速发展和能源结构的改变，建设的中俄输气管线、内蒙古苏格里气田开发后将兴建的苏格里气田外输管线、吐库曼和西西伯利亚至中国的输气管线等，不仅为中国，也为世界管道业提供了发展机遇。

三、小组讨论

①讨论管道运输的优缺点，并绘制成图表进行演示。
②讨论我国管道运输的发展情况，并派代表进行叙述。

四、制订与实施方案

①以小组为单位，调研当地主要的管道运输企业，如中石化、中石油、中海油等。
②要求调研内容含有企业的LOGO、工作场景，掌握当地管道运输发展情况。
③根据调研内容，提交调研报告，字数不少于500字。
④按照总结报告，每组派代表上台展示。
⑤教师点评。

五、评价反馈

当一组同学操作时，另一组同学按照表6-1的评分标准进行评分。

任务评价表　　表6-1

班级：　　组别：　　姓名：

序号	作业项目	考核内容	配分	评分标准	评分记录	扣分	得分
1	调研企业	是否是调研拥有管道运输的企业，需拍摄照片	20	每错、漏一项扣3分，扣完为止			
2	调研内容	是否包括企业建立管道运输的年限和主要的应用领域	25	每少一流程扣5分			
				每个流程作业不全面扣1~4分			
3	调研报告	内容是否合理，结构是否完善	30	每错、漏一项扣5分，扣完为止			
4	安全文明生产	遵守安全操作规程，正确使用设备、操作现场整洁	10	每项扣5分，扣完为止			
		安全用电，防火，无人身、设备事故	10	因违规操作发生重大人身和设备事故，此项按0分计			
5	团队合作能力	团队合作意识，注重沟通，能自主学习及相互协作	5	不参加者或中途离开者扣2分			
6	合计		100				

学习活动2　管道运输管理

学习目标

①了解三种管道运输的组成部分与相关设备，并能识别该设备的主要功能；
②掌握三种管道运输的特点。

建议学时　4学时

学习地点　教室

学习准备　课本、笔记本、互联网资讯、多媒体设备

学习过程

一、任务引入

学校组织物流班级参观某中石化企业，要求同学们对所看到的设备以及听到的企业资深员工介绍管道管理内容进行记录，参观过后需提交总结报告。

王倩是该班级的学生，她根据所拍摄的图片进行总结，包括看到的相关物流设备以及员工所阐述的管道管理的相关内容。

二、知识链接

1. 输油管道运输

原油管道的起点大多是油田，终点则可能是炼油厂，或转运原油的港口、铁路枢纽。成品油管道的起点常是炼油厂或成品油库，沿途常有较多的支线分油或集油。

其终点和分油点则是转运油库或分配油库，在该处用铁路油槽车或汽车油罐车将各种型号的成品油送给城镇的加油站或用户，或用支线将油品直接送给大型用油企业。

输油管道也可按输油品的轻重不同，分为轻油管道和重油管道。由于轻重油品的黏度和凝固点相差较多，常需采用不同的输送方法。

(1)输油管道的组成

长距离输油管道由输油站和管线两大部分组成。

输油管道的起点称为首站，其任务是集油，经计量后加压向下一站输送，故首站的设备除输油机泵外，一般有较多的油罐。输油管道沿途设有中间泵站，其任务是对所输送的原油加压、升温。中间站的主要设备有输油泵、加热炉、阀门等。输油管道末站接受输油管道送来的全部油品，供给用户或以其他方式转运，故末站有较多油罐和准确的计量装置。输油站包括首站、末站、中间泵站等。

输油管道的线路(即管线)部分包括：管道，沿线阀室，穿越江河、山谷等的设施和管

道阴极防腐保护设施等。为保证长距离输油管道的正常运营,还设有供电和通信设施。长距离输油管道如图6-1所示。

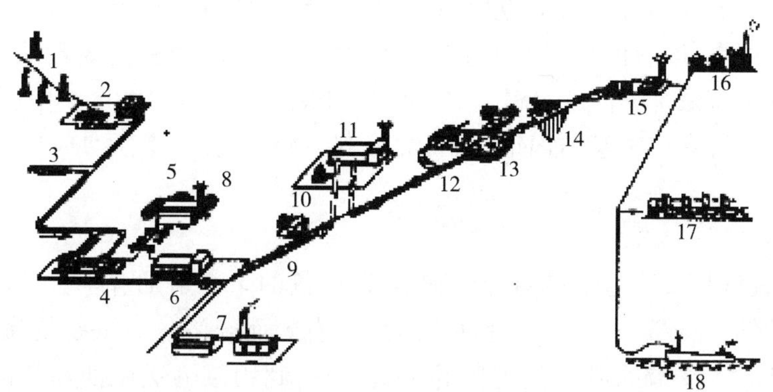

图6-1　长距离输油管道

1-井场;2-输油站;3-来自油田的输油管;4-首站罐区和泵房;5-全线调度中心;6-清管器发放室;7-首站锅炉房;8-微波通信塔;9-线路阀室;10-维修人员住所;11-中间输油站;12-穿越铁路;13-穿越河流;14-跨越工程;15-车站;16-炼厂;17-火车装油线桥;18-油轮码头

(2)输油管道的主要设备及其工作原理

①离心泵与输油泵站。

a. 离心泵。

泵是一种将机械能(或其他能)转化为液体能的水力机械,它也是国内外输油管线广泛采用的原动力设备,是输油管线的心脏。泵的种类较多,按工作原理,可将其分为叶片式泵(如离心泵、轴流泵等)、容积式泵(如齿轮泵、螺杆泵等)和其他类型泵(如射流泵、水锤泵等)三类。

b. 输油泵站。

输油泵站的基本任务是供给油流一定的能量(压力能或热能),将油品输送到终点站(末站)。

②输油加热炉。

在原油输送过程中对原油采用加热输送的目的是使原油温度升高,防止输送过程中原油在输油管道中凝结,减少结蜡,降低动能损耗。通常采用加热炉为原油提供热能。

加热炉一般由四个部分组成,即辐射室(炉膛)、对流室、烟囱和燃烧设备;加热方法有直接加热和间接加热两种方式。直接加热方法是使原油在加热炉炉管内直接加热,即低温原油先经过对流室炉管被加热,再经辐射室炉管被加热到所需要的温度。

③储油罐。

油罐是19世纪60年代发展起来的一种储存石油及其产品的设备。油罐按建造方式可分为地下油罐(罐内油品最高液面比邻近自然地面低0.2m以上者)、半地下油罐(油罐高度的2/3左右在地下)和地上油罐(油罐底部在地面或高于地面者)三种;按建造材料分为金属油罐、非金属油罐;按罐的结构形式分为立式圆柱形油罐、卧式油罐、双曲率形油罐三类。

④管道系统。

输油系统一般采用有缝或无缝钢管，大口径者可采用螺旋焊接钢管。无缝钢管壁薄、质轻、安全可靠，但造价高。多用于工作压力高、作业频繁的主要输油管线上。无缝钢管的规格标称方法是：外径×壁厚，如 $\phi108\times4$ 表示外径为 108mm、壁厚为 4mm 的无缝钢管。无缝钢管常用碳素结构钢轧制，常用 10～45 号钢，长度在 4～12m，承受压力在 20～40kg/cm^2。

⑤清管设备。

油品运输过程中，管道结蜡使管径缩小，造成输油阻力增加、能力下降，严重时可使原油丧失流动性，导致凝管事故。处理管道结蜡有效而经济的方法是机械清蜡，即从泵站收发装置处放入清蜡球或其他类型的刮蜡器械，利用泵输送原油在管内顶挤清蜡工具，使蜡清除并随油输走。

⑥计量及标定装置。

为保证输油计划的完成，加强输油生产管理，长输管线上必须对油品进行计量，及时掌握油品的收发量、库存量及耗损量。现代管道运输系统中，流量计已不仅仅是一个油品计量器，它还是监测输油管运行的中枢。输油管道上常用的流量计有容积式流量计和涡轮流量计两种，实际中应根据所输油品性质、流速与流量范围、计量要求（如精度等）与仪表安装要求（温度与压力等环境条件）来选择。

（3）管道防腐

管道和储罐被腐蚀会造成穿孔从而引起油、气、水的跑漏甚至爆炸。根据金属管道腐蚀的机理，可将其分为两大类：一是化学腐蚀，即金属表面与周围介质发生作用而导致的破坏；二是电化学腐蚀，它是指在腐蚀过程中有电流产生的腐蚀。

2. 天然气管道运输

我国是世界上最早使用管道输送天然气的国家之一。1600 年左右，竹管输气已有很大发展。但第一条现代意义的输气管道却是 1963 年在四川建成的管径 426mm、长度 55km 的巴渝管线。从全世界来看，18 世纪以前主要是用木竹管道输送，1880 年首次出现蒸汽机驱动的压气机，19 世纪 90 年代钢管出现后，管道运输进入工业性发展阶段。到 20 世纪 80 年代，全世界的输气管道近 90 万千米。美国、西欧、加拿大及苏联均建成了规模较大的输气管网甚至跨国输气管道。

（1）输气管道的组成

输气管道系统主要由矿场集气管网、干线输气管道（网）、城市配气管网以及与此相关的站、场等设备组成。这些设备从气田的井口装置开始，经矿场集气、净化及干线输送，再经配气管网送到用户，形成一个统一的、密闭的输气系统。

（2）输气管道运输设备及工作原理

①矿场集气。

集气过程指从井口开始，经分离、计量、调压、净化和集中等一系列过程，到向干线输送为止。集气设备包括井场、集气管网、集气站、天然气处理厂、外输总站等。

②输气站。

输气站又称压气站,核心设备是压气机和压气机车间,任务是对气体进行调压、计量、净化、加压和冷却,使气体按要求沿着管道向前流动。

③干线输气。

干线是指从矿场附近的输气首站开始到终点配气站为止的一段线路。

④城市配气。

城市配气指从配气站(即干线终点)开始,通过各级配气管网和气体调压所按用户要求直接向用户供气的过程。配气站是干线的终点,也是城市配气的起点与枢纽。气体在配气站内经分离、调压、计量和添味后输入城市配气管网。

(3)增加输气管输气能力

输气管道在生产过程中常需要进行扩建或改造,目的在于提高输气能力并降低能耗。当输气管最高工作压力达到管路强度所允许的最大值时,可采用铺设副管、倍增压气站两种方法来提高输气能力。

3. 固体料浆管道运输

用管道输送各种固体物质的基本措施是将待输送固体物质破碎为粉粒状,再与适量的液体配置成可泵送的浆液,通过长输管道输送这些浆液到目的地后,再将固体与液体分离送给用户。目前,浆液管道主要用于输送煤、铁矿石、磷矿石、铜矿石、铝矾土和石灰石等矿物,配制浆液的主要是水,也有少数采用燃料油或甲醇等液体作载体。

(1)料浆管道系统的组成

料浆管道的基本组成部分与输气、输油管道大致相同,但还有一些制浆、脱水干燥设备。以煤浆管道为例,整个系统包括煤水供应系统、制浆厂、干线管道、中间加压泵站、终点脱水与干燥装置。它们也可分为三个不同的组成部分:浆液制备厂、输送管道、浆液后处理系统。

(2)料浆管道设备

①浆液制备系统。

以煤为例,煤浆制备过程包括洗煤、选煤、破碎、场内运输、浆化、储存等环节。

②中间泵站。

中间泵站的任务是为煤浆补充压力能。停运时则提供清水冲洗管道。输送煤浆的泵可分为容积式与离心式两种,其特性差异与输油泵大致相同。

③后处理系统。

煤浆的后处理系统包括脱水、储存等部分。由于管道中流动的浆液是固液两相的混合物,其输送过程中除了要保证稳定流动外,还要考虑其沉淀的可能,尤其是在流速降低情况下,不同流速、不同固体粒径及浓度条件下,浆液管道中可能出现均质流、非均质流、半均质流三种流态。非均质流浓度分布不均,可能会出现沉淀,其摩阻高,输送费用大。

三、小组讨论

①讨论输油管道运输的定义和主要组成设备。

②讨论天然气管道运输的定义和主要组成设备。

③讨论固体料浆管道运输的定义和主要组成设备。

四、制订与实施方案

①以小组为单位，调研当地主要的管道运输企业，如中石化、中石油、中海油等。

②要求调研内容含有企业的 LOGO、工作场景，掌握当地管道运输发展情况，重点了解企业的安全管理制度。

③根据调研内容，提交调研报告，字数不少于 500 字。

④按照总结报告，每组派代表上台展示。

⑤教师点评。

五、评价反馈

当一组同学操作时，另一组同学按照表 6-2 的评分标准进行评分。

任 务 评 价 表 表 6-2

班级： 组别： 姓名：

序号	作业项目	考核内容	配分	评分标准	评分记录	扣分	得分
1	调研企业	是否调研含有管道运输的企业	20	每错、漏一项扣 3 分，扣完为止			
2	调研内容	企业的安全管理制度，管道系统的组成设备	25	每少一流程扣 5 分			
				每个流程作业不全面扣 1 ~ 4 分			
3	调研报告	内容是否完整，是否合理，是否按要求	30	每错、漏一项扣 5 分，扣完为止			
4	安全文明生产	遵守安全操作规程，正确使用设备、操作现场整洁	10	每项扣 5 分，扣完为止			
		安全用电，防火，无人身、设备事故	10	因违规操作发生重大人身和设备事故，此项按 0 分计			
5	团队合作能力	团队合作意识，注重沟通，能自主学习及相互协作	5	不参加者或中途离开者扣 2 分			
6	合计		100				

学习项目7　多式联运

**学习目标**

①了解多式联运的定义、特点、现状以及发展趋势；

②掌握多式联运的组织形式与运作；

③利用互联网资源，收集相关图片和信息，拓展知识面。

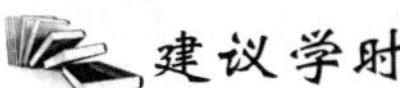**建议学时**

8学时

学习活动1　多式联运认知

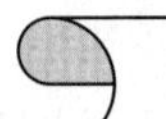**学习目标**

①了解多式联运的概念、特点、构成因素；

②了解多式联运的发展趋势。

建议学时　4学时

学习地点　教室

学习准备　课本、笔记本、互联网资讯、多媒体设备

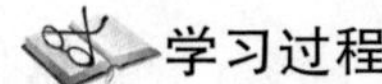**学习过程**

一、任务引入

某运输企业需要从山西运输一大批物资前往新加坡，为了节约运输成本，该企业物流员根据货物运量、属性以及税收情况，选择采用铁路—海洋多式联运的方式进行运输。

请问，你了解多式联运吗？

二、知识链接

1. 多式联运概述

(1)多式联运的概念

多式联运又称为国际多式联运,根据《联合国国际货物多式联运公约》(以下简称《国际多式联运公约》)对国际多式联运做出如下定义:国际多式联运是指按照多式联运合同,以至少两种不同的运输方式,由多式联运经营人将货物从一国境内接管货物的地点运至另一国境内指定交付货物的地点。

(2)多式联运的特征

①必须订立多式联运合同。在国际多式联运中,多式联运经营人必须与托运人订立多式联运合同。所谓多式联运合同,是指多式联运经营人凭其收取全部运费,使用两种或两种以上不同运输工具,负责组织完成货物全程运输的合同。无论有几种不同运输方式,均只需订立一份合同——多式联运合同。托运人只与多式联运经营人有业务和法律上的关系,至于各区段实际承运人,托运人不与他们发生任何业务和法律上的关系。

②必须由多式联运经营人对全程运输负责。按照多式联运合同,多式联运经营人必须从接货地至交货地的全程负责运输,货物在全程运输中的任何实际运输区段的灭失损害以及延误交付,均由多式联运经营人以本人身份直接负责赔偿,尽管多式联运经营人可向事故实际区段承运人追偿,但这丝毫不能改变多式联运经营人作为多式联运合同当事人的身份。

③必须是两种或两种以上不同运输方式组成的连贯运输。多式联运是至少两种不同运输方式的连贯运输,如海—铁、海—公、海—空联运等。因此判断一个联运是否为多式联运,不同运输方式的组成是一个重要因素。例如,目前许多船运公司开展的海—海联运,由契约承运人签发全程联运提单,对全段运输负责,通过一程船、二程船的接力方式,将货物从起运港运至目的地,但这种联运只是使用一种运输方式的海—海联运,不是多式联运的范畴。

④必须是国际的货物运输。多式联运所承运的货物必须是从一国境内接管货物的地点至另一国境内指定交付货物的地点,是一种国际货物运输,这有别于同一国境内采用不同运输方式组成的联合运输。

⑤多式联运经营人作为多式联运的总负责人,在接管货物后必须签发多式联运单证,从发货地直至收货地,一单到底。发货人凭多式联运单证向银行结汇,收货人凭多式联运单证向多式联运经营人或其代理人提领货物。因此,多式联运单证一经签发,表明多式联运经营人已收到托货人的货物,并对货物的全程运输开始负责。多式联运单证的签发,同时也证明了多式联运合同,即托运人和多式联运经营人是在多式联运合同下进行货物的交接和多式联运单证签发的。

⑥必须是单一的运费率。海运、铁路、公路以及航空各种单一运输方式的成本不同,

因而其运费率也不同。在多式联运中,尽管组成多式联运的各运输区段运费率不同,但托运人与多式联运经营人订立的多式联运全程中的运费率是单一的,即以一种运费率结算从接货地至交货地的全程运输费用,从而大大简化和方便了货物运费的计算。

(3)多式联运的优点

国际多式联运的优点主要表现为以下几个方面:

①统一化,简单化。所谓统一化、简单化,主要表现为在国际多式联运方式下,货物运程不管有多远,不论有几种运输方式共同完成对货物的运输,也不论运输途中对货物经过多少转换,所有一切运输事项均由多式联运经营人负责办理。而货主只需要一次托运、订立一份运输合同、一次支付费用、一次保险。

②减少中间环节,缩短货物运输时间,降低货损货差事故,提高货运质量。多式联运系通过集装箱为运输单元进行直达运输。货物在发货人工厂或仓库装箱后,可直接运送至收货人的工厂或仓库。运输途中换装时无须换箱、装箱,从而减少了中间环节。尽管货物经过多次换装,但由于使用专业机构装卸,且又不涉及箱内的货物,因而货损货差事故及货物被窃大为减少,从而在一定程度上提高了货运质量。此外,由于各个运输环节的各种运输工具之间配合密切、衔接紧凑,货物所到之处中转迅速及时,大大减少了货物停留时间,因此,从根本上保证了货物安全、迅速、准确、及时地运抵目的地。

③降低运输成本,节省运杂费用。由于多式联运可实行门到门运输,因此,对货主来说,再将货物交由第一承运人后即可取得货运单证,并据以结汇。结汇时间提前,不仅有利于加速货物资金的周转,而且减少了利息的支出。又由于货物装载集装箱运输,从某种意义上说可以节省货物的包装费用和保险费用。此外,多式联运可采取用一张货运单证,统一费率,因而就简化了制单和结算手续,节省了人力、物力。

④提高运输组织水平,实现合理化运输。多式联运可提高运输组织水平,实现合理化运输,改善不同运输方式间的衔接工作。在国际多式联运开展之前,各种运输方式的经营人各自为政、自成体系。因而,其经营的业务范围受到限制,货运量相应也是有限的。但一旦由不同的运输业者共同参与多式联运,经营的范围可大大扩展,并且可以最大限度地发挥其现有设备的作用,选择最佳运输路线,组织合理运输。

(4)国际多式联运存在的问题

①目前国际上多式联运主要存在以下三个方面的问题:

a. 各国的集装箱标准尚未统一。目前,欧洲大陆各国、日本和其他发达国家都是按国际标准化组织(ISO)规定尺寸,即各国通用的20英尺和40英尺的标准集装箱,并坚持采用ISO标准集装箱的主张。但在美国的国内运输中,通常使用45英尺或48英尺的集装箱,同时还采用加长、加高的集装箱。

b. 各国集装箱运输的发展不平衡。当前许多发展中国家尚停留在集装箱化的初级阶段,这些地区成为多式联运路线的薄弱环节。然而,其地理位置却处于多式联运路线的中途,这便成了国际多式联运的重要障碍。

c. 国际多式联运的法律问题尚未统一。至今《国际多式联运公约》因尚未达到30个国家的有效批准而未能生效,各国法律不同,加之国际上尚无一个可为各国通用的、统一规范的标准联运单证,造成了多式联运单证纷繁杂乱的状态。

②除了国际多式联运存在的问题外,我国国际多式联运也存在一些问题:

a. 各种必要的设施设备不配套。目前,我国存在着集输运系统不完善、货运站装卸设备不足等问题。

b. 多式联运的外部环境有待改善。目前,有关单位,如海关、商检、税务、银行、保险、理货等相关单位尚未能做到认识一致、相互配合,全力支持多式联运业的发展壮大。

c. 信息系统不完善。信息化建设迟缓,没能建立起遍及全国乃至全球的跨国信息网络系统也是制约我国多式联运发展的主要因素之一。

d. 缺乏大型的国际多式联运经营人。

2. 多式联运的发展趋势

国际多式联运作为一种现代运输先进的组织方式,在世界范围内发展十分迅速。纵观当今世界国际多式联运的发展,呈现出以下趋势:

①多式联运经营人向多元化方向发展。作为多式联运经营人,其前身大多是大型国际货代或大型船公司,为了扩大服务范围,提高服务质量,已开始从单一的货代或海运业务向多元化发展。

②国际多式联运的业务范围不断扩大。为了开展国际多式联运的需要,多式联运经营人不断把业务向海外扩张,在世界各地物资集散地建立分支机构或代理网点,扩充并完善其服务网络,为货主提供更大的服务空间。

③国际多式联运向现代物流领域拓展。运输是现代物流结构体系中不可缺少的一个重要环节,以集装箱运输为基础的国际多式联运,在现代物流中已越来越呈现其独特的优势。

三、小组讨论

①讨论常见的多式联运的形式,并阐述多式联运的特点。

②根据多式联运的发展现状展开讨论,叙述当前的状况。

四、制订与实施方案

①抽选某一小组,联合制作下一章节的教材PPT。

②要求制作的PPT符合教学要求,内容充实合理,风格不限。

③按照已制订好的方案进行练习,并派代表上台展示。

④教师点评。

五、评价反馈

当一组同学操作时,另一组同学按照表7-1的评分标准进行评分。

任务评价表 表7-1

班级： 组别： 姓名：

序号	作业项目	考核内容	配分	评分标准	评分记录	扣分	得分
1	PPT制作	是否掌握PPT要领	20	每错、漏一项扣3分，扣完为止			
2	内容讲述	内容是否充实，是否覆盖章节知识点，结构是否完整	25	每少一流程扣5分			
				每个流程作业不全面扣1～4分			
3	讲述表现	PPT表达是否顺畅	30	每错、漏一项扣5分，扣完为止			
4	安全文明生产	遵守安全操作规程，正确使用设备、操作现场整洁	10	每项扣5分，扣完为止			
		安全用电，防火，无人身、设备事故	10	因违规操作发生重大人身和设备事故，此项按0分计			
5	团队合作能力	团队合作意识，注重沟通，能自主学习及相互协作	5	不参加者或中途离开者扣2分			
6	合计		100				

学习活动2 多式联运组织与运作

学习目标

①了解多式联运的组织形式；

②掌握多式联运的业务流程；

③了解大陆桥。

建议学时 4学时

学习地点 教室

学习准备 课本、笔记本、互联网资讯、多媒体设备

学习过程

一、任务引入

某物流公司接到从石家庄运输5万双鞋到马来西亚的业务，运输管理部门经理将任

务下达给运输物流员具体负责，要求尽快确定运输方案。运输物流员分析了作业量、运输对象、时间要求和运输起止点的实际情况等，选择使用多式联运的具体方案后上报，得到批准并顺利完成业务。

二、知识链接

1. 多式联运的组织形式

国际多式联运方式从理论上说有：海—铁、海—空、海—公、铁—公、铁—空、公—空、海—铁—海、公—海—空等11种类型。但由于当今国际运输中海运占绝大多数的比例，因此目前多式联运主要有海—铁、海—空、江—海多式联运三种类型。

①海—铁多式联运。海—铁包括海—铁—海多式联运，是当今多式联运的主要类型，特别是利用大陆桥开展海—铁或海—铁—海多式联运。

②海—空多式联运。海—空结合海运运量大、成本低和空运速度快、时间要求紧的特点，能对不同运量和不同运输时间要求的货物进行有机结合。随着世界范围内物流业的兴起，一些大型国际配送中心根据资料预测用户的货物需求量，通过运输成本低廉的海运事先取得货物，然后根据用户的订单采取空运，可在24h内完成交货。

③江—海多式联运。江—海多式联运把海运和内河运输连接起来，既可充分发挥海运量大、成本低的优点，又可发挥内河运输价廉、灵活的优点，能方便地把货物运至内河水系的广大地区。

2. 多式联运的业务流程

多式联运经营人从事多式联运业务时，大致流程如下。

(1)托运申请，订立多式联运合同

多式联运经营人根据货主提出的托运申请结合自己的运输线路等情况，判断是否接受该托运申请。如果能够接受，则双方协定有关事项后，在交给发货人或其代理人的场站收据(空白)副本上签章(必须是海关能接受的)，证明接受委托申请，多式联运合同已经订立并开始执行。

发货人或其代理人根据双方就货物交接方式、时间、地点、付费方式等达成协议，填写场站收据(货物情况可暂空)，并送至联运经营人处编号；多式联运经营人编号后留下货物托运联，将其他联交还给发货人或其代理人。

(2)空箱的发放、提取及运送

多式联运中使用的集装箱一般应由经营人提供。这些集装箱来源可能有三个：

①经营人自己购置的集装箱。

②向租箱公司租用的集装箱，这类集装箱一般在货物的起运地附近提箱，而在交付货物地点附近还箱。

③由全程运输中的某一分运人提供，这类集装箱一般需要在多式联运经营人为完成合同运输，与该分运人(一般是海上区段承运人)订立分运合同获得使用权。

(3)出口报关

若联运从港口开始，则在港口报关；若从内陆地区开始，应在附近的内陆地海关办理。出口报关事宜一般由发货人办理，也可委托多式联运经营人代为办理（这种情况需加报关手续费，并由发货人负责海关派员所产生的全部费用）。

(4)货物装箱和接收货物

若是发货人自行装箱，发货人或其代理人提取空箱后在自己的工厂和仓库组织装箱，装箱工作一般要报关后进行，并请海关派员到装箱地点监装和办理加封事宜。如需理货，还应请理货人员到现场理货并与之共同制作装箱单。无论装箱工作由谁负责，装箱人均要制作装箱单，并办理海关监装与加封事宜。

对于由货主自行装箱的装箱货物运至双方协议规定的地点，多式联运经营人或其代表（包括委托的场站业务员）在指定地点接收货物；如是拼箱货，经营人在指定的货运站接收货物。验收货物后，代表联运经营人接收货物的人应在收据正本上签章，并将其交给发货人或代理人。

(5)订舱及安排货物运送

经营人在合同订立之后，即应制订该合同涉及的集装箱货物的运输计划。该计划应包括货物的运输线路、区段的划分、各区段的实际承运人的选择确定及各区段间衔接的到达、起运时间等内容。货物运输计划的安排必须科学，并留有余地。工作中应相互联系，根据实际情况调整计划，避免彼此脱节。

(6)办理保险

在发货人方面，应投保货物运输险。该保险由发货人自行办理，或由发货人承担费用，由经营人作为代理。货物运输保险可以是全程，也可以分段投保。

(7)签发多式联运提单，组织完成货物的全程运输

多式联运经营人的代表收取货物后，经营人应向发货人签发多式联运提单。在把提单交给发货人前，应注意按双方协定的付费方式及内容、数量向发货人收取全部应付费用。

多式联运经营人有完成和组织完成全程运输的责任和义务。在接收货物后，要组织各区段实际承运人、各派出机构及代表人共同协调工作，完成全程中各区段的运输、各区段之间的衔接工作以及运输过程中所涉及的各种服务性工作和运输单据、文件及有关信息等组织和协调工作。

(8)运输过程中的海关业务

按照国际多式联运的全程运输（包括进口国内陆段运输）均应视为国际货物运输。因此该环节工作主要包括货物及集装箱进口国的通关手续、进口国内陆段保税（海关监管）运输手续及结关等内容。如果陆上运输要通过其他国家海关和内陆运输线路时，还应包括这些海关的通关及保税运输手续。

(9)货物交付

当货物运至目的地后，由目的地代理人通知收货人提货。收货人需要凭多式联运

提单提货，经营人或其代理人需按合同规定，收取收货人应付的全部费用，收回提单，签发提货单（交货记录），提货人凭提货单到指定堆场和地点提取货物。

（10）货运事故处理

如果全程运输中发生了货物灭失、损害和运输延误，无论是否能确定损害发生的区段，发（收）货人均可向多式联运经营人提出索赔。多式联运经营人根据提单条款及双方协议确定的责任做出赔偿。如果确知事故发生的区段和实际责任者时，可向其进一步进行索赔；如不能确定事故发生的区段时，一般按在海运段发生处理；如果以对货物及责任投保，则存在要求保险公司赔偿和向保险公司进一步追索的问题；如果受损任何责任人之间不能取得一致，则需通过在诉讼时效内提起诉讼和仲裁来解决。

3. 大路桥运输

凡是越过大洋的运输只要有一段陆上行程，就成为陆桥运输。所谓大陆桥运输，系指采用集装箱专用列车，利用横贯大陆的铁路连接两段海运的桥梁，使集装箱船和专用列车结合起来，迅速到达目的地和降低运输成本的运输方式。

最典型的大陆桥运输多式联运路线有北美大陆桥、西伯利亚大陆桥、龙海兰新欧亚大陆桥；除此之外还有“小路桥”和“微陆桥”等。

我国对美出口贸易中采用的 OCP 运输、MLB 运输、IPI 运输均属于陆桥运输。

①北美大陆桥。北美大陆桥以横贯美国大陆的铁路作为路上行程，以海—陆—海运输途径实行陆桥运输，故称为北美大陆桥。北美大陆桥是世界上第一条大陆桥。

②西伯利亚大陆桥。西伯利亚大陆桥比北美大陆桥更为优越。北美大陆桥与通过巴拿马运河传统的海运东行线相比较，可节约运输时间 5 天；而西伯利亚大陆桥与通过苏伊士运河的传统的海运西行线相比较，运输时间可缩短 1/3，运费便宜 20%；与绕道好望角相比较，运输距离可缩短 1/2，运费可便宜 25%。

③陇海兰新欧亚大陆桥。新欧亚大陆桥东起我国连云港，西至荷兰鹿特丹，是贯穿欧亚之间的一条新的大陆桥。新欧亚大陆桥开通后，可绕道印度洋海运航线，运输时间上可节省一半，运输费用可节省 20%，比西伯利亚大陆桥近 2 000km。

三、小组讨论

案例分析与讨论：1988 年 10 月，中国土畜产进出口公司某畜产分公司委托某对外贸易运输公司办理 333 只纸箱的男士羽绒滑雪衫出口手续，外运公司将货装上某远洋运输公司的货轮并向畜产进出口公司签发了北京中国对外贸易运输总公司的清洁联运提单，提单载明货物数量共为 333 箱，分装 3 只 集 装 箱。同 年 6 月 29 日，货轮抵达目的港日本神户，7 月 6 日，日方收货人在港口装卸公司开箱发现其中一个集装箱 A 的 11 只纸箱中，有 5 箱严重湿损，6 箱轻微湿损。

请问，该多式联运的流程如何进行，请按照业务流程进行叙述，并明确责任。

四、制订与实施方案

①以小组为单位，模拟多式联运情景，要求提前设计方案说明书，含人员安排，流程

走向。

②既定任务背景:2014 年 1 月 20 日,广西某重晶石企业向某运输企业托运一批 200t 的重晶石发往日本,从当地开始承运(当地无火车站)。该集团要求托运的成本最小,并要求运输集团提供合适的运输方案。

③以小组为单位,分别扮演托运人、承运人、收货人、客服、制单人、火车站工作人员、港口工作人员,依据多式联运的业务流程,进行场景模拟。

④按照已制订好的方案进行演练,并每组派代表上台进行总结。

⑤教师点评。

五、评价反馈

当一组同学操作时,另一组同学按照表 7-2 的评分标准进行评分。

任务评价表　　表 7-2

班级:　　组别:　　姓名:

序号	作业项目	考核内容	配分	评分标准	评分记录	扣分	得分
1	方案制订	方案制订是否含有具体流程,人员是否安排得当	20	每错、漏一项扣 3 分,扣完为止			
2	情景展示	业务流程是否规范,操作是否规范,表述是否清晰	25	每少一流程扣 5 分			
				每个流程作业不全面扣 1 ~ 4 分			
3	总结报告	总结内容是否全面合理	30	每错、漏一项扣 5 分,扣完为止			
4	安全文明生产	遵守安全操作规程,正确使用设备、操作现场整洁	10	每项扣 5 分,扣完为止			
		安全用电,防火,无人身、设备事故	10	因违规操作发生重大人身和设备事故,此项按 0 分计			
5	团队合作能力	团队合作意识,注重沟通,能自主学习及相互协作	5	不参加者或中途离开者扣 2 分			
6	合计		100				

学习项目 8　特种货物运输

学习目标

①了解特种货物运输的定义、特点、分类；

②掌握特种货物运输的组织形式与运作；

③了解特种货物运输的注意事项；

④利用互联网资源，收集相关图片和信息，拓展知识面。

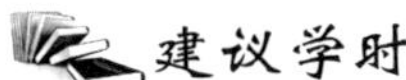

8 学时

学习活动 1　危险货物运输

学习目标

①了解危险货物的概念；

②了解危险货物的运输特点和包装要求；

③掌握危险货物装卸搬运注意事项；

④掌握危险货物运输安全注意事项。

★ **建议学时**　4 学时

★ **学习地点**　教室

★ **学习准备**　课本、笔记本、互联网资讯、多媒体设备

学习过程

一、任务引入

2010 年 8 月 19 日中午 12 时 20 分左右，一辆由湖南开往江西全南县的槽灌车在大

广高速武吉段互通匝道2873公桩处，由于速度过快，冲出护栏，侧翻在地，高浓度的强盐酸从10多厘米长的破损处泄漏出来。该车驾驶室已严重变形，驾乘人员已被送往医院抢救。接到报警后，吉安市吉州区消防大队立即组织8车消防车和2辆化学事件消洗车前往现场处理，成功堵住泄漏口。

请问，您了解高浓度的盐酸属于何种运输吗？

二、知识链接

1. 危险货物概述

(1)危险货物

在铁路、空运、水运等运输中，属化工原料及化工制品的货物具有与一般货物不同的特性，如黄磷在空气中能自燃、雷管受冲击会爆炸、硫酸有强烈腐蚀性、氰化钠有强烈毒性、同位素钴60能放射出射线等。因此，凡在铁路运输中，具有爆炸、易燃、毒害、腐蚀、放射性等特性，在运输、装卸和储存保管过程中，容易造成人身伤亡和财产毁损而需要特别防护的货物，均属危险货物。

(2)危险货物确认

为了安全、迅速、经济、便利地完成运输任务，必须正确地判定什么是危险货物，什么是非危险货物，以免酿成事故，造成损失，影响铁路运输效率。

危险货物品种繁多，性质复杂，要求运输保管条件不一。为了便于制订相应的运输条件，采取相应的防护措施及一旦发生事故便于施救，按危险货物性质相近、运输条件相同的原则，将危险货物分为九类。一类：爆炸品；二类：压缩气体和液化气体；三类：易燃液体；四类：易燃固体、自燃物品和遇湿易燃物品；五类：氧化剂和有机过氧化物；六类：毒害品和感染性物品；七类：放射性物品；八类：腐蚀品；九类：杂类。

2. 危险货物运输分类与管理

(1)爆炸品

①慎重选择运输工具。爆炸品货物运输对运输工具要求很高，公路运输时禁止使用以柴油或以煤气做燃料的机动车、三轮车、自行车以及畜力车。

②装车前，应排除异物，将货箱清扫干净，装载量不得超负荷。

③运输路线应事先报请当地公安机关批准。

④驾驶员在运输时应集中精力，严格遵守交通法令和操作规程。

⑤遵守保密规定。

(2)压缩、液化或加压溶解的气体

①运输可燃、有毒气体时，车上必须配备相应的灭火和防毒器具。

②运输大型气瓶时，为防止气瓶因惯性冲击车厢平台而造成事故，行车时应尽量避免紧急制动。

③夏季运输时，车上还必须配置遮阳设施，防止暴晒。

(3)易燃液体

①装运易燃液体的车辆,严禁搭乘无关人员,途中应经常检查所载货物情况,发现异常情况应及时采取有效措施。

②装运易燃液体的罐车运输时,车上人员不准吸烟,车辆不得接近明火和高温场所。

③当气温在30℃以上时,应根据当地公安消防部门的限运规定,在指定的时间内运输。

④不溶于水的易燃液体货物原则上不能通过越江隧道,或按当地管理部门的规定运输。

(4)易燃固体

①行车时,要避开明火及高温区域,防止外来明火落到货物上。

②定时检查货物的堆码、捆扎和包装情况。

(5)氧化剂和有机过氧化物

①运输时,严格控制车速,防止货物剧烈振动、摩擦。

②控温货物在运输时应定时检查制冷设备的运转情况,发现问题及时处理。

③中途停车时,应远离热源、火种场所,临时停车或中途住宿过夜,车辆应有专人看管。

④如遇运输车辆维修,人不准离车,要严格控制明火作业。

(6)毒害品和感染性物品

①严防货物丢失;如遇丢失必须向当地公安部门报案。

②行车时,要平稳驾车,避开明火和高温场所。

③用过的苫布,或被毒害品污染的工具和运输车辆,清洗消毒后才可继续使用。

(7)放射性物品

对半衰期短的放射性物品,应在运单上注明允许运送期限,其期限不得少于运输送达所需时间。

(8)腐蚀品

①驾驶员要平稳驾驶车辆,特别是有易碎容器包装的腐蚀品时,或路况条件较差没有把握安全通过时,不能存侥幸心理,更不得冒险通过。

②每隔一段时间要停车检查车上货物情况;如有包装破损渗漏现象应及时处理,避免重大事故的发生。

三、小组讨论

案例分析:2009年4月14日凌晨,一辆装载12.68t浓盐酸的罐车在渝宜高速发生泄漏。经过及时抢险,该路段目前已恢复正常通行,1t多重的盐酸泄漏在外。

据重庆市高速公路执法第七大队工作人员介绍,14日凌晨2时4分,执法人员巡逻发现一辆运输危化品的罐车停在渝宜高速往重庆方向70km处,车尾冒出大量白雾。经过查探，现场执法人员得知该罐车装载的是浓盐酸，且根据该车散发出的刺激性气味以及越来越大的白雾，估计该车发生了盐酸泄漏。

讨论：以小组为单位，讨论该货物属于何种危险货物运输的分类，并说明此类运输的注意事项。

四、制订与实施方案

①以小组为单位，通过互联网资讯或者实际调研形式，进行调查，如一家运输公司拥有的危险品运输车辆种类，接受的危险运输业务货物种类，认识危险运输标识等。

②汇总并统计收集的数据信息，含拍摄图片，并提交调研报告。

③按照调研报告，每组派代表上台展示。

④教师点评。

五、评价反馈

当一组同学操作时，另一组同学按照表8-1的评分标准进行评分。

任务评价表　　表8-1

班级：　　组别：　　姓名：

序号	作业项目	考核内容	配分	评分标准	评分记录	扣分	得分
1	调研情况	是否积极调研	20	每错、漏一项扣3分，扣完为止			
2	调研内容	是否按要求调研危险运输的货物熟悉、标识，是否含有拍摄图片	25	每少一流程扣5分			
				每个流程作业不全面扣1~4分			
3	调研报告	内容是否合理、完整	30	每错、漏一项扣5分，扣完为止			
4	安全文明生产	遵守安全操作规程，正确使用设备、操作现场整洁	10	每项扣5分，扣完为止			
		安全用电，防火，无人身、设备事故	10	因违规操作发生重大人身和设备事故，此项按0分计			
5	团队合作能力	团队合作意识，注重沟通，能自主学习及相互协作	5	不参加者或中途离开者扣2分			
6	合计		100				

学习活动2　鲜活易腐货物运输

学习目标

①了解鲜活易腐货物的概念；

②掌握鲜活易腐货物的分类；

③熟悉鲜活易腐货物的特点；

④掌握冷藏货运温度要求；

⑤掌握运输质量影响因素。

建议学时　4学时

学习地点　教室

学习准备　课本、笔记本、互联网资讯、多媒体设备

学习过程

一、任务引入

某农贸市场每日需求20t的猪肉和蔬菜类产品50t，农贸市场管理人员根据猪肉和蔬菜的生产基地以及企业自身拥有的冷藏车辆进行成本预算。在保证农产品的正常运输、质量合格、保鲜的情况下，选择自营模式扩建冷藏车队还是进行业务外包。

请问，你知道农产品的运输属于何种方式？它又有何种运输要求？

二、知识链接

1. 鲜活易腐货物运输概述

(1)鲜活易腐货物

鲜活易腐货物是指在运输过程中，容易发生活物死亡和鲜物腐烂变质的货物。

(2)鲜活易腐货物运输特性

①品类多，运距长，组织工作复杂。

②季节性强，运量波动大。

③运送时间要求紧迫。

④易受外界气温、湿度和卫生条件的影响。

⑤某些鲜活易腐品须配备专门的运载设施。

2. 鲜活易腐货物运输要求

鲜活易腐品主要是指农副牧渔产品及其加工品，并且绝大多数是食品。就各种活牲畜来讲，他们是有生命的机体，运输中要求具备适宜的生存条件，如供应饲料、饮水、换水以及必要的卫生条件，否则会造成病残死亡。就食品来说，如果条件不适宜，则易发生

腐败变质,失去使用价值。引起腐败变质的主要原因如下。

(1)微生物的作用

微生物可分泌出有毒物质,使食物中的蛋白质、脂肪和维生素等有机物质发酵、发霉、腐败。

(2)生物体本身有呼吸作用

由于水果、蔬菜等易腐品在运输中原生质还活着,还要进行呼吸作用,此时,微生物会迅速繁殖,使其腐败变质。

(3)化学作用

运输中如食品受外伤,被氧化,增加了呼吸作用,加速了食物的腐烂。因此,只有在易腐商品运输过程中,设法抑制微生物的繁殖、控制呼吸作用的强度,才能有效地防止或延迟腐败过程。为此,要特别注意以下几方面。

①温度。

温度对微生物的生存和繁殖以及易腐商品的呼吸有较大的影响。温度降低,减弱了微生物的繁殖能力,水果和蔬菜的呼吸作用也随之减弱,其营养的消耗和分解作用也会减慢,增加了它们的保鲜时间。

冷藏货大致可以分为冷冻货和低温货两种。冷冻货是指货物在冻结状态下进行运输的货物,运输温度一般控制在 -20 ~ -10℃。低温货是指货物还未冻结或在货物表面有一层薄薄的冻结层的状态下进行运输的货物,一般允许的温度调整范围为 -1 ~16℃。不同货物其运输的温度一般不同;同一种货物,由于运输时间、冻结状态和货物的成熟度不同,对运输温度的要求也不一样。一些具有代表性的冷冻货和低温货的运输温度见表8-2和表8-3。

冷冻货物的运输温度 表8-2

货　名	运输温度(℃)	货　名	运输温度(℃)
鱼	-17.8 ~ -15.0	虾	-17.8 ~ -15.0
肉	-15.0 ~ -15.0	黄油	-12.2 ~ -11.1
蛋	-15.0 ~ -13.3	浓缩果汁	-20.0

低温货物的运输温度 表8-3

货　名	运输温度(℃)	货　名	运输温度(℃)
肉	-5 ~ -1	葡萄	+6.0 ~ +8.0
腊肠	-5 ~ -1	菠萝	+11.0以内
黄油	-0.6 ~ +0.6	橘子	+2.0 ~ +10.0
带壳鸡蛋	-1.7 ~ +15	柚子	+8.0 ~ +15.0
苹果	-1.1 ~ +16	红葱	-1.0 ~ +15.0
白兰瓜	+1.1 ~ +2.2	土豆	+3.3 ~ +15.0
梨	+0.0 ~ +5.0	—	—

②湿度。

湿度对鲜活易腐品的质量影响很大。湿度过大,有利于食物表面微生物的滋生;湿度过低,食物的蒸发加强,容易造成干枯萎缩,失去新鲜状态,破坏食物中的营养物质,降低食品的质量。

③通风。

在运输过程中,蔬菜和水果都需要通风,目的是排除蔬菜和水果在呼吸时放出的二氧化碳、水蒸气和热量。但通风对温湿度都有直接的影响,因此,要根据所运食品种类及其对温湿度的要求进行适当通风。

④其他。

卫生条件不好、微生物太多,易腐商品沾染的机会就多,食品也易于腐烂。

三、小组讨论

①讨论常见的鲜活易腐货物,要求例举10种以上商品。

②讨论鲜活易腐货物运输的要求,并进行陈述。

四、制订与实施方案

①以小组为单位,通过互联网资讯或者实际调研形式进行调查,如深圳海吉星农贸物流运输拥有的冷藏车车辆种类,接受的冷藏货物种类,了解冷藏温度等工作细则等。

②汇总并统计收集的数据信息,含拍摄图片,并提交调研报告。

③按照调研报告,每组派代表上台展示。

④教师点评。

五、评价反馈

当一组同学操作时,另一组同学按照表8-4的评分标准进行评分。

任务评价表 表8-4

班级: 组别: 姓名:

<table>
<tr><th>序号</th><th>作业项目</th><th>考核内容</th><th>配分</th><th>评分标准</th><th>评分记录</th><th>扣分</th><th>得分</th></tr>
<tr><td>1</td><td>调研情况</td><td>是否按要求次数进行调研</td><td>20</td><td>每错、漏一项扣3分,扣完为止</td><td></td><td></td><td></td></tr>
<tr><td rowspan="2">2</td><td rowspan="2">调研内容</td><td rowspan="2">是否含有车辆情况、运输标识、冷藏业务要求等</td><td rowspan="2">25</td><td>每少一流程扣5分</td><td></td><td></td><td rowspan="2"></td></tr>
<tr><td>每个流程作业不全面扣1~4分</td><td></td><td></td></tr>
<tr><td>3</td><td>调研报告</td><td>内容是否合理、完整、规范</td><td>30</td><td>每错、漏一项扣5分,扣完为止</td><td></td><td></td><td></td></tr>
</table>

续上表

序号	作业项目	考核内容	配分	评分标准	评分记录	扣分	得分
4	安全文明生产	遵守安全操作规程,正确使用设备、操作现场整洁	10	每项扣5分,扣完为止			
		安全用电,防火,无人身、设备事故	10	因违规操作发生重大人身和设备事故,此项按0分计			
5	团队合作能力	团队合作意识,注重沟通,能自主学习及相互协作	5	不参加者或中途离开者扣2分			
6	合计		100				

学习项目9　货物运输保险与合同

学习目标

①了解货物运输合同的内容；
②了解货物运输保险的内容；
③掌握运输纠纷的含义、种类和解决办法；
④利用互联网资源，收集相关图片和信息，拓展知识面。

建议学时

12 学时

学习活动1　货物运输保险业务

学习目标

①了解运输保险的概念、特征和分类；
②熟悉常见的运输保险。

建议学时　4 学时

学习地点　教室

学习准备　课本、笔记本、互联网资讯、多媒体设备

学习过程

一、任务引入

某批高价值的珠宝需要从南宁运往北京进行展示，珠宝商向某运输企业托运。为了保证运输过程的安全性和减少风险承担，物流公司经理向某保险公司投保。

请问，你了解关于货物运输的相关保险业务吗？

二、知识链接

1. 保险项目的分类与组成

货物在运输中,可能会遇到各种各样的事故,遭受到不同程度的损失,但是保险公司并不是对所有风险都进行承保,也不是对所有损失都进行赔偿。保险公司只对保险责任范围内的风险与损失进行承保和赔偿。所以,了解货物运输的保险项目是了解投保工作的第一步。

保险项目是指保险公司承保的风险种类。只有保险公司开设的保险项目,保险公司才会受理和承保,投保者才有可能投保。

根据运输方式的不同,货物运输保险可分为海洋运输货物保险、陆上运输货物保险、航空运输货物保险和邮包运输保险。

每一种保险项目一般来讲都带有附加险,其中每一种保险项目还可以细分。如海洋运输货物保险又分为海洋运输货物保险、海洋运输货物附加险。对某些特殊的海洋运输货物,还配备有海运冷藏货物、陆运冷藏货物、海运散装桐油及活牲畜、家禽的海陆空运输保险条款等。在保险项目分类上,各种保险的适用范围也有一定程度的交叉。如国内水路、陆路运输货物保险与活牲畜、家禽的海陆空运输保险显然有一定的业务交叉。这反过来说明选择保险时要精心选择适用条款和经济型条款,以最大限度地保障货主和运输公司的利益。

在国际贸易中,海运具有运费低廉、运量大等特点,货物运输的大部分是通过水路运输完成。因此,各种不同运输方式的货物保险,均以海运货物保险为基础。由于开展业务的需要,不同的保险公司所设置的保险项目名称上有一定的差别,但是保险公司对于各种货物保险责任上基本相同,保障范围基本一致。

2. 保险合同的签订

(1)保险单的填写

保险单是保险公司与投保人双方拟订保险契约的证明,是对双方权利和义务的明确规定,是发生事故后投保人向保险公司索赔的依据。

保险单的格式分为保险单、保险凭证和预约保险单三种。保险单又称大保单,是一种正规的保险单,印有保险条款,将保险人与被保险人的责任与义务全部载入,承保指定的货物。保险凭证又称小保单,是一种简化的保险单,凭证上不印保险条款,而是以大保单上所载的内容为准。预约保险单是一种定期统保契约的证明,是保险人与投保人事先约定对规定范围内的货物统一承保的协议。

投保单填写内容如下。

①投保人:应填写投保人全称。

②被保险人:应填写被保险人全称。

③标记或发票号码:应填写货物的唛头、发票号码或其他能确定投保标的物的凭证号码。

④保险货物名称:应填写货物的详细品名、型号、规格。如果投保货物不止一种时,则应分别填写,必要时可附清单。

⑤件数(质量):应填写保险货物的包装单位、规格。如投保货物不止一类品名或包装规格不止一种时,应分别填写。

⑥保险金额:可按保险价值确定,也可由保险人和被保险人双方协商确定,但协商价格不得超过保险价值。

⑦运输方式、工具名称:应在投保单上标明的“各种运输工具”栏上写明运载货物的车次、船名、车号和航班号。如采取联运方式,则应根据铁路、交通部门的正式联运货票,在相应的“联运”栏中写明转运的运输方式及运输工具名称。

⑧起运日期:应填写投保货物起运的年、月、日等确切时间。

⑨运输路线:应填写货物起运地和目的地的行政区域或车站、港口、航站、发(收)货人仓库等名称,并注明转载地点。

⑩投保险别及费率:按商定的险别和现行货运险条款,写明基本险或综合险及所拟定的费率。

⑪特别约定:投保单中所列事项的未尽事宜,在此注明。

⑫投保人(单位)签章、联系电话、联系地址、日期,应逐项填写,并注明投保当日日期,加盖公章。国内货运保险投保单形式如图9-1所示。

国内货物运输保险投保单

投保人:

地址: 联系电话:

邮政编码: 传　真:

<table>
<tr><td colspan="2">被保险人</td><td colspan="3"></td><td>地址</td><td colspan="2"></td></tr>
<tr><td colspan="2">联系电话</td><td colspan="3"></td><td>运输工具</td><td colspan="2"></td></tr>
<tr><td colspan="2">起运日期</td><td colspan="3"></td><td colspan="2">运单或发票号码</td><td></td></tr>
<tr><td colspan="2">起运地</td><td colspan="2"></td><td>中转地</td><td></td><td>目的地</td><td></td></tr>
<tr><td rowspan="6">主险</td><td colspan="2">货物名称</td><td>件数/质量</td><td>保险金额</td><td colspan="2">费率</td><td rowspan="2">保险费</td></tr>
<tr><td colspan="2"></td><td></td><td></td><td>基本险</td><td>综合险</td></tr>
<tr><td colspan="2"></td><td></td><td></td><td></td><td></td><td></td></tr>
<tr><td colspan="2"></td><td></td><td></td><td></td><td></td><td></td></tr>
<tr><td colspan="2"></td><td></td><td></td><td></td><td></td><td></td></tr>
<tr><td colspan="2"></td><td></td><td></td><td></td><td></td><td></td></tr>
<tr><td rowspan="3">附加险</td><td colspan="2" rowspan="3">险别名称</td><td></td><td></td><td></td><td></td><td></td></tr>
<tr><td></td><td></td><td></td><td></td><td></td></tr>
<tr><td></td><td></td><td></td><td></td><td></td></tr>
<tr><td colspan="8">总保险金额:</td></tr>
<tr><td colspan="8">总保险费:</td></tr>
<tr><td colspan="8">特别约定:</td></tr>
</table>

投保人声明:上述所填写内容属实,保险人已将对应保险条款内容和责任免除内容向投保人作了充分说明:投保人对保险条款内容和责任免除内容及保险人的说明已经了解。

投保人(签章)

年　　月　　日

图9-1　国内货物运输保险投保单

(2)审核投保单

保险公司接到保险单后要按规定进行内容审核,如有错漏项,将请投保人修改或重新填写。直到填写内容完全符合规定、无错漏项为止。

(3)核定保险费

保险公司经办人根据投保内容,按照费率表确定费率,计算出应缴的保险费,并在投保单上注明,然后交由复核人员审核。

(4)编制保险单

对投保单审核无误后,根据信用证要求出单(保险单或保险凭证)数份。制单时注意承保险别,要按本险和附加险的顺序排列分类险别。制单完毕,制单人员应在保险单副本留底上签字,并开出保险费收据。

(5)粘贴保险条款和特约条款

保险公司为使客户明确责任,一些主要险和附加险附在保险单上。

(6)清分单证

单据分发指将加盖印章后的保险单正本、客户需要的副本和保险费收据交给投保人;保险公司自留副本两份;保险费收据一份送财会部门收费入账。

三、小组讨论

案例分析:我国 A 公司与某国 B 公司于某年 10 月 20 日签订购买 52 500t 化肥的 CFR 合同。A 公司开出信用证规定,装船期限为次年 1 月 1 日至 1 月 10 日,由于 B 公司租来运货的"顺风号"货轮在开往某外国港口途中遇到飓风,结果装船于次年 1 月 20 日才完成。承运人在取得 B 公司出具的保函的情况下签发了与信用证条款一致的提单。"顺风号"轮于 1 月 21 日驶离装运港。A 公司为这批货物投保了水渍险。次年 1 月 30 日"顺风号"轮途经巴拿马运河时起火,造成部分化肥烧毁。船长在命令救火过程中又造成部分化肥湿毁。由于船在装货港口延迟,使该船到达目的地时正遇上了化肥价格下跌,A 公司在出售余下化肥时价格不得不大幅度下降,给 A 公司造成很大损失。

讨论,若 A 公司已经签订了运输保险业务,请问他在运输之前如何填制保险业务的相关内容,请阐述运输保险的业务流程。

四、制订与实施方案

①以小组为单位,通过互联网或者实际调研,调查某种货物运输的保险模板。

②根据调研资讯,整理图片,并制作相关的保险单据,要求具有合理性。

③小组交叉填写所制作的保险单据,并按要求进行互评。

④按照实施结果,每组派代表上台展示。

⑤教师点评。

五、评价反馈

当一组同学操作时,另一组同学按照表 9-1 的评分标准进行评分。

任 务 评 价 表 表 9-1

班级: 组别: 姓名:

序号	作业项目	考 核 内 容	配分	评 分 标 准	评分记录	扣分	得分
1	保险模板	是否符合调研要求	20	每错、漏一项扣 3 分,扣完为止			
2	填制情况	保险单证制作是否合理;填制内容是否合理、完整,规范	25	每少一流程扣 5 分			
				每个流程作业不全面扣 1 ~ 4 分			
3	总结报告	报告是否完整,充实	30	每错、漏一项扣 5 分,扣完为止			
4	安全文明生产	遵守安全操作规程,正确使用设备、操作现场整洁	10	每项扣 5 分,扣完为止			
		安全用电,防火,无人身、设备事故	10	因违规操作发生重大人身和设备事故,此项按 0 分计			
5	团队合作能力	团队合作意识,注重沟通,能自主学习及相互协作	5	不参加者或中途离开者扣 2 分			
6	合计		100				

学习活动 2　货物运输合同

学习目标

①掌握运输合同的概念和内容;

②了解运输合同定制的注意事项;

③熟悉运输合同的样式,并能独立填制。

建议学时 4 学时

学习地点 教室

学习准备 课本、笔记本、互联网资讯、多媒体设备

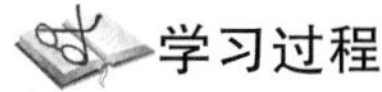学习过程

一、任务引入

小罗在运输企业实习将近三个月时间，在此期间，小罗优异的表现引起部门经理的注意。在某次与大型企业洽谈业务时，经理要求小罗进行跟随，并要求小罗掌握货物运输合同的相关内容。

小罗不辜负经理的期望，对运输合同的分类、特征，以及运输合同签订涉及的内容和相关注意事项进行查询，并做了笔记。

二、知识链接

1.货物运输合同的分类

(1)按运输工具分类

按运输工具分类，运输合同可分为公路运输合同、铁路运输合同、水路运输合同、航空运输合同和管道运输合同。

(2)按运输组织方式分类

按运输组织方式分类，运输合同可分为单一运输合同和多式联运合同。

单一运输合同是一个托运人与一个承运人之间签订的运输服务合同，双方权利义务划分清晰明确。

多式联运方式有水—水联运、水—路联运、公—铁联运、水—铁联运等多种形式。订立合同时与单一运输合同不同，其涉及的承运人和权利义务关系众多。多式联运合同的订立相应考虑各运输环节之间的权利和义务划分等诸多问题。

(3)按运输合同的服务对象分类

按运输合同的服务对象分类，运输合同可分为旅客运输合同和货物运输合同。

旅客运输合同是指承运人与旅客就旅客的运输达成的明确双方权利和义务关系的协议。

货物运输合同因货物的种类与要求不同，可分为普通货物运输合同、特种货物运输合同、危险品货物运输合同等。

(4)货物合同的种类

货物运输合同是指承托双方签订的、明确双方权利和义务关系、确保货物有效位移的、具有法律约束力的合同文件。

①按合同形式划分，可分为书面合同和契约合同。

书面合同是指签订正式书面协议书形式的合同。

契约合同是指托运人按规定填写货物运输托运单或货单。这些单证具有契约性质，承运人要按托运单或货单要求承担义务，履行责任。

②按合同期限划分，可分为长期合同和短期合同。

长期合同是指合同期限在一年以上的合同。

短期合同是指合同期限在一年以下的合同,如年度、季度、月度合同。

③按货物数量划分,可分为批量合同和运次合同。

批量合同,一般是一次托运数量较多的大宗货物运输合同。

运次合同,一般是托运货物较少、一个运次即可完成的运输合同。

2. 货物运输合同的特征

(1)运输合同是有偿合同

运输合同是有偿合同。一些运输合同的单证,如车票、机票、运单、提单等是有价单据。旅客、托运人或收货人是以支付票款或者运输服务费用为代价,获得承运人提供的运输服务。

(2)运输合同是双务合同

运输合同中双方当事人都享有权利、负有义务。承运人负有将旅客或货物按约定送到目的地的义务,同时拥有收取运输费用的权利;旅客或者托运人、收货人负有支付相应的运输费用的义务,同时享有运输服务的权利。

(3)运输合同一般为格式合同

运输合同属于格式合同,这是由运输业的特征所决定的。为体现合同的公平和效率,国家授权交通管理部门以规章形式来规范主要内容和条款,以维护双方当事人的合法权益,也杜绝承运人利用其控制运输工具的有利条件制定有利于自己的条款,或免除或降低自己应负的责任。

(4)运输合同是诺成合同

诺成合同可以在双方当事人对合同必要条款协商一致时成立,有些诺成合同又是要式合同,承诺生效时合同并非一定成立。在货物运输合同中,一般在托运人与承运人就货物运输事项达成一致意见,并按诺成合同规定的订立方式订立时,合同成立,不必等到货物实际交付承运人时合同才成立。

(5)货运合同除具有前述"运输合同"的基本特征外,还具有自身的特殊性

①货运合同通常涉及第三人。货运合同是由托运人和承运人协商、订立的,托运人和承运人是合同双方的当事人。托运人和收货人不一致时,收货人成为货运合同的第三人,收货人一般不是合同的订立者,但同样可以是合同利益的关系人,享有合同规定的权利并承担相应的义务。这类合同属于为第三人利益订立的合同。

②储运合同以交付收货人为履行终点。货物运输以运送行为为标的,承运人将货物运到约定的地点后,义务并未履行完成,在与收货人办理货物交接手续之后,承运人义务方履行完毕。

③货运合同是当事人之间为实现一定经济目的,明确相互权利义务关系而订立的协议。签订合同的当事人,双方或一方必须是法人。

④签订货运合同的承运方必须持有经营货运的营业执照,具有合法的经营资格。

⑤货运合同的内容限于运输经济行为,主要是以运输经济业务活动为内容。

3. 货物运输合同的签订与履行

(1)货运合同签订的基本原则

①合法规范的原则。

签订运输合同的内容和程序必须符合法律的要求。

②平等互利的原则。

运输合同中承托双方当事人的法律地位、权利义务必须一律平等。

③协商一致的原则。

关于合同双方的法律行为,彼此均不得把自己的意志强加于对方,双方意愿经过协商达成一致。

④等价有偿的原则。

合同当事人都享有同等的权利和义务,在从对方得到利益的同时,都要给对方相应的支付。

(2)订立合同的程序

①要约。

要约是表示希望和他人订立合同的意愿,一般由托运人提出。即合同当事人的一方提出签订合同的提议,提议的内容包括订立合同的愿望、合同的内容和主要条款。

②承诺。

承诺是受要约人同意要约的意思表示。受理的过程包括双方协商一致、承运人接受或受理托运人的提议、对托运人提出的全部内容和条款表示同意等过程。

(3)运输合同的内容

①货物的名称、性质、体积、数量及包装标准。

②货物起运和到达地点、运距、收发货人名称及详细地址。

③货物装卸责任和方法。

④运输质量及安全要求。

⑤货物的交接手续。

⑥年、季、月度合同的运输计划、提送期限和运输计划的最大限量。

⑦批量货物运输的起止时间。

⑧运杂费计算标准和结算方式。

⑨变更、解除合同的期限。

⑩违约责任。

⑪双方商定的其他条款。

(4)运输合同的变更和解除

①运输合同变更和解除的含义。

运输合同变更和解除是指在合同尚未履行或者没有完全履行的情况下,遇到特殊情况而使合同不能履行,或者需要变更时,经双方协商同意,并在合同规定的变更、解除期限内办理变更或解除。任何一方不得单方擅自变更、解除双方签订的运输合同。

②运输合同变更和解除的条件。

a. 凡发生下列情况之一者,允许变更和解除:

(a)由于不可抗力使运输合同无法履行。

(b)合同当事人违约,使合同的履行成为不可能或不必要。

(c)由于合同当事人一方的原因,在合同约定的期限内确实无法履行运输合同。

(d)经合同当事人双方协商同意解除或变更,但承运人提出解除运输合同的,应退还已收的运费。

b. 货物运输过程中,因不可抗力造成运输阻滞,承运人应及时与托运人联系,协商处理,发生货物装卸、接运和保管费用按以下规定处理:

(a)接运时,货物装卸、接运费用由托运人负担,承运人收取已完成运输里程的运费,退回未完成运输里程的运费。

(b)回运时,收取已完成运输里程的运费,回程运费免收。

(c)托运人要求绕道行驶或改变到达地点时,收取实际运输里程的运费。

(d)货物在受阻处存放,保管费用由托运人负担。

(5)运输当事人的权利和义务

①托运人的义务。

a. 如实申报的义务。

(a)清楚表明收货人。

(b)清楚表明货物的名称、性质、质量、数量、收货地点等必要情况。

b. 提交批准文件的义务。对需要办理审批、检验手续的货物确需运输的,要到有关部门通过审批、检验等手续,取得批准文件,托运人负有保证其真实性的义务。托运人提交的批准文件不全或不符合规定,造成承运人损害的,应负赔偿责任,同时承运人也可以解除合同。

c. 包装货物的义务。托运人应当按照约定方式或按运输部门要求包装货物。对没有约定或包装不明的包装方式,托运方和承运方应当就该种货物包装方式充分协商,提出合理建议和要求,达成一致后再订立货运合同,交付货物按达成方式检验包装。

d. 对危险货物包装、制作标识和标签及提供防范措施书面材料的义务。危险品具有极大的危险性,稍有不慎会造成车毁人亡、财产损失的严重后果。托运人托运危险品时,应当按照国家有关危险品运输的规定对货物妥善包装,制作醒目的标志和标签,特别要求提交说明文件。

e. 赔偿因变更、中止运输造成的承运人损失的义务。

②收货人的义务。

a. 及时提货的义务。在接到承运人发出的到货通知或货物运到指定地点时,收货人应当及时验货提货。若超出期限提货的,收货人应当支付期间的保管费用。承运人有时要签发提单,收货人提货时还应交验提单。

b. 及时验收的义务。收货人提货时应及时按约定的期限检验货物。验货时,收货人若发现货物的数量有误或者有损坏的，应在约定的期限内向承运人提出异议；否则，视为承运人已按照运输单证记载的内容——“初步证据”交付。合同对验收时间没有约定或约定不清的，承运人和收货人可以达成补充协议或按交易习惯通常做法确定。货物可能已交付收货人，但因货物某些内在的损伤从外部查看不出，需专门的检验才能发现时，如果有证据证明是在运输过程中造成的内在损伤，可以推翻“初步证据”。

c. 支付运费和保管费的义务。根据货运合同的约定，收货人有支付运费、保管费用及其他费用的义务。收货人支付运费通常情况下是和发货人达成协议的，收货人因与发货人诸如质量差、规格不符合要求等纠纷而拒付运费的，承运人对货物享有留置权。另外，对于收货人不明或收货人无正当理由拒绝受领货物的，承运人有权提存货物。

③承运人的义务。

承运人的义务除运输合同规定的基本义务外，还应包括：

a. 及时通知收货人提取货物的义务。承运人在将货物运送到目的地之后，应及时通知收货人前来提货或运送到约定办理验货交付手续，承运人只有在将货物交付收货人后，才履行完毕其合同中的义务。如果托运人已变更收货人或目的地，承运人通知变更后的收货人来提取货物。

b. 对运输过程中货物的毁损、灭失承担损害赔偿的义务。从托运人将货物交付承运人起，至承运人将货物交付收货人止，承运人负有采取适当措施进行保管和安全将货物运送到约定地点的义务，并对运输过程中发生的货物毁损、灭失承担赔偿责任。如果不是自身原因造成的，应举证以证明。

三、小组讨论

案例分析：2007 年 6 月 13 日，甲公司与蓝某（自然人）经协商，签订了一份运输合同，合同约定，甲公司委托乙公司赣 B05788 号车，承运赣州至广州货运业务，共计 1 769 件电池，全程运费 3 600 元，预付 2 000 元，余款在履行合同后付清，并约定运输途中发生货差、货损、雨淋、被盗等，由承运人负责赔偿等，驾驶员蓝某以个人名义在合同上签了字。合同签订后，甲公司即向蓝某支付了 2 000 元运费，并将货物交给其运输。

小组讨论，此项业务合同签订的内容需包含哪些？请叙述。

四、制订与实施方案

①以小组为单位，模拟演练运输合同的签订过程，需求角色：托运人、承运人、公证人、秘书。

②根据货物运输合同签订的内容要求和流程要求进行扮演，合同自拟。

③要求小组之间进行互评，并提交总结报告。

④按照设计方案步骤，每组轮流上台展示。

⑤教师点评。

五、评价反馈

当一组同学操作时，另一组同学按照表9-2的评分标准进行评分。

任务评价表　　　　表9-2

班级：　　　　组别：　　　　姓名：

<table>
<tr><th>序号</th><th>作业项目</th><th>考核内容</th><th>配分</th><th>评分标准</th><th>评分记录</th><th>扣分</th><th>得分</th></tr>
<tr><td>1</td><td>合同模板</td><td>自拟运输合同内容是否符合情景要求</td><td>20</td><td>每错、漏一项扣3分，扣完为止</td><td></td><td></td><td></td></tr>
<tr><td rowspan="2">2</td><td rowspan="2">案情重演</td><td rowspan="2">模拟演练运输合同的签订过程是否根据货物运输合同签订的内容要求和流程要求进行扮演</td><td rowspan="2">25</td><td>每少一流程扣5分</td><td></td><td></td><td rowspan="2"></td></tr>
<tr><td>每个流程作业不全面扣1～4分</td><td></td><td></td></tr>
<tr><td>3</td><td>总结报告</td><td>运输合同样式内容是否充实，结构是否合理</td><td>30</td><td>每错、漏一项扣5分，扣完为止</td><td></td><td></td><td></td></tr>
<tr><td rowspan="2">4</td><td rowspan="2">安全文明生产</td><td>遵守安全操作规程，正确使用设备、操作现场整洁</td><td>10</td><td>每项扣5分，扣完为止</td><td></td><td></td><td></td></tr>
<tr><td>安全用电，防火，无人身、设备事故</td><td>10</td><td>因违规操作发生重大人身和设备事故，此项按0分计</td><td></td><td></td><td></td></tr>
<tr><td>5</td><td>团队合作能力</td><td>团队合作意识，注重沟通，能自主学习及相互协作</td><td>5</td><td>不参加者或中途离开者扣2分</td><td></td><td></td><td></td></tr>
<tr><td>6</td><td colspan="2">合计</td><td>100</td><td></td><td></td><td></td><td></td></tr>
</table>

学习活动3　运输纠纷

学习目标

①了解运输保险的索赔程序；

②了解运输保险的理赔程序。

建议学时　4学时

学习地点　教室

学习准备　课本、笔记本、互联网资讯、多媒体设备

学习过程

一、任务引入

2011年6月26日罗某将在苏州展览的21件瓷板委托苏州市某汽车运输有限公司托运至景德镇，并出具运单一张。苏州市某汽车运输有限公司接受委托后将南昌至景德镇段的运输交由江西某物流有限公司托运。在2011年7月1日，江西某物流有限公司通知罗某提取货物。罗某在托运点看到，托运瓷板时钉好的木架、托架全部散架，于是打开检查，发现21块瓷板中已经有4块破碎。

此类纠纷的解决方法有多少种，你了解吗？

二、知识链接

1. 运输纠纷概述

(1)运输纠纷

本节讲述的内容为运输合同纠纷，是指因运输合同的生效、解释、履行、变更和终止等行为而引起的合同当事人的所有争议。

运输合同纠纷的范围广泛，涵盖了运输合同从成立到终止的整个过程。具体说来，运输合同的纠纷有：合同的效力，即合同是否有效之争议；合同文字语言理解不一致之争议；合同是否已按约履行之争议；合同违约责任应当由何方承担及承担多少之争议；合同是否可能单方解除之争议等。合同当事人签订运输合同之后，理想的状态是当事人各自分别按照运输合同规定的内容完成应履行的义务，直至合同圆满终止。但是，在现实生活中，由于各种各样的原因，既有合同当事人主观的原因，也有情势变迁方面的客观原因，导致合同在签订之后的履行过程中并不是一帆风顺的，往往会出现各种各样、或大或小的纠纷。对于运输合同纠纷，有些经当事人协商解决了，有些却协商不了，就可能会使一方当事人诉诸仲裁或诉讼，一旦纠纷得不到解决，就会影响合同的正常履行，甚至扰乱运输市场秩序。因此，运输合同纠纷能够避免则尽量予以避免。

(2)运输纠纷产生的原因

关于运输合同纠纷的成因，主要有主观和客观两方面。

①主观方面的成因。

合同是双方当事人协商一致的结果。既然双方当事人在自愿、平等的基础上订立了合同，那么按合同履行义务应当是毫无疑问的。然而，合同签订后，一方当事人可能会因为种种原因而主观上不想履行或不想完全履行合同，导致合同履行过程出现纠纷。

②客观方面的成因。

一项合同，从订立到履行完毕，往往经过一个较长的过程。在合同履行过程中，也会出现一些客观原因，导致合同无法按约履行，由此引起纠纷。这里所指的客观方面的成因，指由非合同当事人主观意志所导致的、不得已而为之的、因合同履行过程中的变化而引起纠纷的原因。

一项运输合同的纠纷，有时是由单纯的主观原因或客观原因引起的，有时则既有主观原因，又有客观原因。运输合同纠纷，归根结底是与双方当事人订立合同的意图相违背的，除非是一方当事人有意欺骗对方当事人，借纠纷而企图获利。运输合同在履行、甚至终止时发生纠纷都是在所难免的，重要的是在发生纠纷之后如何行之有效地去解决纠纷。

(3)运输纠纷的特点

①主体特定。

运输合同纠纷的主体特定，是指合同当事人，包括托运人、收货人和承运人。合同纠纷涉及第三人的情况也存在，但并不多见，主要是发生在订立运输合同的双方或多方当事人之间。

②纠纷内容的多样化。

合同纠纷的内容涉及合同本身内容的各个方面，纠纷内容多种多样，几乎每一个与合同有关的方面都会引起纠纷。例如，在订立合同的当事人方面也会有纠纷，合同一方当事人是法人的分支机构，本没有对外签订合同的权利却签订了合同，一旦该方违约又无力承担债务时，必须也应当由设立该分支机构的法人来承担责任。

③属于民事纠纷。

签订合同的当事人是平等主体的公民、法人或其他组织，合同行为是民事法律行为。因此，合同纠纷从本质上说是一种民事纠纷，民事纠纷应通过民事方式来解决，如协商、调解、仲裁或诉讼等。

2. 运输纠纷的种类

(1)无效合同纠纷和有效合同纠纷

这是从合同的效力角度来对合同纠纷进行的划分。

①无效合同纠纷。

无效合同纠纷是指因合同无效而引起的合同当事人之间的争议。如合同无效后，合同当事人因各自返还因合同而取得的财产发生的纠纷，合同无效责任应由何方承担，承担多少之纠纷等。

②有效合同纠纷。

有效合同纠纷是指在合同生效的前提下，合同当事人因履行合同而发生的争议，包括合同订立后合同当事人对合同内容的解释，合同的履行及违约责任，合同的变更、中止、转让、解除和终止等所发生的一切争议，绝大多数合同纠纷为有效合同纠纷。

(2)口头合同纠纷和书面合同纠纷

这是从合同的形式角度来对合同纠纷进行的划分。

①口头合同纠纷。

口头合同纠纷是指合同当事人因履行口头合同而发生的所有争议。口头合同虽然简单易行，但因为没有书面证据，所以一旦发生纠纷不易获得解决。口头合同多是即时清算的合同,一般来说,发生纠纷的情况较少。

②书面合同纠纷。

书面合同纠纷是指合同当事人因履行书面合同而发生的所有争议。现实生活中,绝大多数合同纠纷是书面合同纠纷。这与书面合同应用的广泛是分不开的,解决书面合同纠纷的依据是双方当事人签订的书面合同书或确认书,以及双方当事人协商一致的所有与合同有关的来往函件等。故要求合同当事人注意保存所有与合同有关的书面证据,以便在发生纠纷时可以举证。此外,有时在一项合同履行过程中,既有因书面协议引起的纠纷,也有因口头协议引起的纠纷,口头协议除非有证据证明,否则法律是不承认其效力的。

(3)国内合同纠纷和涉外合同纠纷

这是从合同是否具有涉外因素来划分合同纠纷种类的。

①国内合同纠纷。

国内合同纠纷是指合同当事人因履行国内合同而发生的所有争议。国内合同纠纷不具有涉外因素,解决纠纷,单纯从程序角度来讲要容易得多。

②涉外合同纠纷。

涉外合同纠纷是指合同当事人因履行涉外合同而发生的所有争议。涉外合同纠纷因为具有涉外因素,解决纠纷时要比国内合同困难得多。所谓涉外因素,是指合同主体一方是外国的公民、法人或者其他组织,合同法律关系发生在国外,合同标的位于国外等。解决涉外合同纠纷时,往往会涉及法律适用问题、合同语言问题和解决纠纷地点问题等。纠纷解决后的执行问题也很复杂,所以应尽量避免在涉外合同上发生纠纷。

(4)标准合同纠纷和非标准合同纠纷

这是从合同条款是否标准化的角度来划分合同纠纷种类的。

①标准合同纠纷。

是指因合同中的标准条款而引起的争议。根据《合同法》的规定,标准条款是指当事人为了重复适用而预先拟定,并在订立合同时与对方协商的条款。对于因对标准条款的理解发生争议的,应当作出不利于提供标准条款一方的解释。法律对因标准合同纠纷的解决规定,主要是从保护被动接受标准合同一方的角度出发的。

②非标准合同纠纷。

除标准合同之外的所有合同纠纷均为非标准合同纠纷。

除上述四种划分合同纠纷的方法外,还有从其他角度进行划分的,如可划分为合同订立纠纷、合同履行纠纷、合同变更纠纷、合同转让纠纷和合同终止纠纷等。

3. 责任界定与管理

(1)违约责任的概念及其特征

违约责任,又称违反合同的民事责任,是指合同当事人一方不履行或不适当履行合同义务时,依照法律规定或合同约定应承担的责任。违约责任首先是一种民事责任,是依据民事法律应承担的民事法律后果,不包括行政责任和刑事责任等责任形式。

违约责任是一种财产责任,合同是财产流转的法律形式,合同关系是财产关系而非人身关系。违约责任作为合同债务的转化形式,因而与合同债务在经济利益方面具有统一性。违约责任又具有明显的补偿性,违约责任的补偿性是商品交易关系在法律上的必然要求,也是公平原则的具体体现。其特征包括以下几个方面。

①违约责任是当事人不履行或不适当履行合同义务而产生的民事责任。

首先,违约责任以合同债务的有效存在为前提。其次,违约责任的产生以合同当事人不履行或不适当履行合同义务为条件。违反合同义务是违约责任、侵权责任和不当得利返还责任等,与其他民事责任相区别。

②违约责任可以由当事人在法律允许的范围内约定。

这是违约责任区别于其他民事责任以及行政责任、刑事责任的特点。

③违约责任具有相对性。

违约责任的相对性是合同的相对性原则的基本内容之一,是由合同债务的相对性所决定的。违约责任的相对性是指违约责任只发生于合同当事人之间,合同关系之外的第三人不承担违约责任,合同当事人也不向其承担违约责任。

(2)违约责任的种类

①过错责任和无过错责任。

以违约责任的成立是否以主观过错为构成要件作为标准,违约责任可分为过错责任和无过错责任。

过错责任是因故意或过失不履行合同义务而成立的责任,故意或过失是确定责任的要件和范围的依据。

无过错责任,又称严格责任,是指不论违约方是否有过错,只要其违约行为给对方造成损害,就应承担违约责任。

②有限违约和无限违约。

以责任财产有无限制为标准,违约责任可分为有限责任和无限责任。

无限责任是以债务人的全部财产对债务承担责任。有限责任是债务人可以以某部分财产对某种债务承担责任的状况。

③单方责任与混合责任。

这是根据承担责任的当事人是一方面还是双方面,对违约责任作的划分。

单方责任就是违约方向非违约方承担的责任。

混合责任就是当事人双方均违反合同而应各自承担相应的责任。

④单独责任与共同责任。

根据承担违约责任的当事人数量之一标准,违约责任可分为单独责任和共同责任。

单独责任是违约方为一人时承担的责任。共同责任是违约方为二人以上时承担的责任。共同责任又可分为按份责任和连带责任。

按份责任是按照法定或约定的份额,各违约方按自己的份额承担责任。

连带责任是按照法律规定或合同约定,各违约方均承担全部责任。

(3)违约责任的一般构成要件

违约责任的构成要件,是合同当事人承担违约责任必须具备的条件。在无过错责任原则下,只要有违约行为就应按法律规定或合同约定承担违约责任,因而违约行为是违约责任的一般构成要件。

依照《合同法》的规定,违约行为就是指不履行或者不适当履行合同义务。其具体形态包括以下两种形式。

①不履行。

不履行是指当事人一方不履行全部合同义务,根本不能实现合同目的。不履行包括实际不履行和预期违约两种情况,实际不履行又包括拒绝履行和根本违约两种形态。

a. 实际不履行。拒绝履行,即毁约,是合同当事人一方在履行预期届满后,无正当理由拒绝履行合同义务的行为。这种拒绝方式可以是明示的,也可以是默示的。

根本违约,是当事人一方迟延履行债务或者有其他违约行为,致使不能实现合同目的的违约形态。根本违约是合同解除的法定原因。

b. 预期违约。预期违约是指在合同履行期到来之前,一方当事人明确肯定地向对方表示其将不履行合同义务,且这种表示又无正当理由。预期违约制度是英美法系所独具的制度,有利于维护交易安全,保护债权人利益。

②不适当履行。

又称不完全履行,是指当事人一方履行合同义务不符合约定,即债务人虽然履行合同义务,但其履行不符合约定,一般包括质量、数量、地点、方法等不符合约定,不包括延迟履行的形态。

③延迟履行。

延迟履行是指在履行期限届满时没有履行。延迟履行包括债务人延迟履行和债权人延迟受领两种情况。债权人延迟受领,指的是债权人无正当理由未按约定接受债务人的履行。

(4)免责事由

免责事由是指免除债务人违约责任的法定免责条件和合同约定的免责条件。

免责事由包括法律规定的免责事由和合同约定的免责条款。法律规定的免责事由,主要有不可抗力、货物自身的性质或合理损耗、债权人过错等。不可抗力是普遍适用的免责事由。合同约定的免责条款,是当事人双方协商同意的、旨在排除或限制未来民事责任的条款。

①不可抗力。

不可抗力是指人力所不可抗拒的力量,包括某些自然现象,如地震等,以及某些社会现象,如战争等。不可抗力作为一种客观情况,必须发生在合同成立后至合同不能履行前。如果当事人一方在订立合同前发生不可抗力,或者在延迟履行合同期间发生不可抗力事件,不能适用不可抗力条款。

②货物本身自然性质或合理损耗。

《合同法》分则的运输合同中第三百一十一条规定："承运人对于运输过程中货物的毁损、灭失承担损害赔偿责任，但承运人证明货物的毁损、灭失是因不可抗力、货物本身的自然性质或者合理损耗以及托运人、收货人的过错造成的，不承担损害赔偿责任。"

③债权人的过错。

由于债权人的过错致使债务人不能履行义务的，债务人不承担违约责任。

④免责条款。

免责条款是当事人在合同中约定的排除或限制未来责任的条款。免责条款具有约定性，是当事人合同的一部分。免责条款既然属于合同的一部分，免责条款的有效以合同的有效成立为前提。免责条款以意思表示为要素，以排除或限制当事人的未来责任为目的，因而属于一种民事法律行为，其效力也应遵守关于民事法律行为的有关规定。

(5)责任方式

①强制实际履行。

强制实际履行是指合同当事人一方不履行非金钱债务或者履行非金钱债务不符合约定时，另一方有权请求人民法院强制其按合同规定的标的继续履行的责任方式。

②赔偿损失。

是指违约方不履行或不适当履行合同义务时，依法或依约赔偿对方当事人所受的损失的责任方式。赔偿损失是违约责任中最普遍适用的补救方式。赔偿损失具有补偿性。赔偿损失主要是为了弥补受害人因违约所遭受的损失，以实际发生的损害为赔偿标准。

③支付违约金。

是指当事人约定的或者法律规定的，在违约方不履行或不适当履行合同义务时偿付给对方一定数额的金钱。

④定金责任。

债务人履行债务后，定金应当抵作价款或者收回。给付定金的一方不履行约定的债务的，无权要求返还定金；收受定金的一方不履行约定的债务的，应当双倍返还定金。

(6)托运人、收货人的违约责任

①未按合同规定的时间和要求提供托运货物的，应支付给承运人违约金，收货人逾期提货应当向承运人支付保管费。

②托运普通货物，夹带、匿报危险货物，错报货物质量等而造成事故的，应当承担损害赔偿责任。

③由于货物包装缺陷而造成运输工具损坏、货物损失、人身伤亡或其他事故的，托运人应承担损害赔偿责任。

④罐车发运货物，因未随车附带规格质量证明或化验报告，造成收货人无法卸货时，应支付承运人卸车等费用及违约金。

(7)承运人的违约责任

①不按运输合同规定的时间和要求发运的，应支付托运人违约金。

②运输过程中货物灭失、缺少、变质、污染和损坏，按货物的实际损失赔偿。

③货物错发到货地点或接货人，应无偿运至合同规定的到货地点或接货人，如果货物逾期运到，应偿付逾期交货的违约金。

④在符合法律和合同规定的条件下运输，由于不可抗力原因造成货物灭失、缺少、变质、污染和损坏的，承运人不承担违约责任。

(8)货物毁损、灭失赔偿额的确定

在货物发生货损、灭失的情况下，确定货物赔偿额的原则如下。

①当事人对货物毁损、灭失的赔偿额有约定的，就应当按约定数额进行赔偿。有的情况下，当事人办理了报价运输，这实际上也是对赔偿额的一种约定。但是要注意，在保价运输情况下，货物受损的赔偿。所谓保价运输就是承运人处理托运人、收货人提出赔偿要求的一种方式，即托运人在办理托运货物的手续时或者与承运人签订合同时，向承运人要求进行保价运输，声明货物的价格，并支付保价费。这实际上是当事人之间对货物损害赔偿的一种约定。一般情况下，保价额相当于货物的价值。托运人办理保价运输的，承运人应当按照实际损失进行赔偿，但最高不得超过保价额。实际损失低于保价额的，按照实际损失进行赔偿。

②当事人对赔偿额没有约定或者约定不明确的，则承运人赔偿的数额应当依照《合同法》第六十一条的规定进行确定。合同法第六十一条规定，合同生效后，当事人就质量、价款或者报酬、履行地点等内容没有约定或者约定不明确的。可以协议补充；不能达成补充协议的，按照合同有关条款或者交易习惯确定。

③如果依照《合同法》第六十一条的规定仍不能确定的，则按照交付或者应当交付时货物到达地的市场价格计算。规定以交付时或者应当交付时货物到达地的市场价格来计算货物的赔偿额，目的在于使托运人或者收货人获得假如货物安全及时到达并按合同交付时所获得的利益，有利于保护托运人或者收货人的利益。这里的“交付时”是指货物按时到达了目的地，但是货物有毁损的情况下，计算市场价格的起算时间；“应当交付时”是指货物没有按时到达，而货物有毁损的或者货物根本就灭失了，不存在了的情况下，市场价格的起算时间。

④法律、行政法规对赔偿额的计算方法和赔偿额另有规定的，应当依照其规定进行赔偿。我国各专门法对承运人的赔偿责任范围基本上都作了规定，例如《中华人民共和国铁路法》第十七条第一款第二项规定，未按保价运输承运的，按照实际损失赔偿，但最高不超过国务院铁路主管部门规定的赔偿限额。《中华人民共和国民用航空法》第一百二十条规定，国内航空运输承运人的赔偿责任限额由国务院民用航空主管部门制定，报国务院批准后颁布执行。第一百二十九条第二款规定，对托运行李或者货物的赔偿责任限额，每公斤为17计算单位。《中华人民共和国海商法》第五十六条规定，承运人对货物的灭失或者损坏的赔偿限额，按照货物件数或者其他货运单位计算，每件或者每个其他货运单位为666×67计算单位，或者按照货物毛重计算，每公斤为2计算单位，以二者中赔偿额较高的为准。对于法律、行政法规的这些规定，应当在计算承运人的赔偿额

时予以遵守。

须注意的是,如果托运人在托运货物时自愿办理了货物运输保险的,在发生货物毁损、灭失等保险事故时,得根据保险合同向保险人索赔。但保险人给付保险赔偿金后取得对承运人的赔偿金的代位求偿权。

4. 运输纠纷的解决

依据我国法律和实践,运输合同纠纷的解决方式主要有以下几种:第一,当事人互相协商;第二,进行行政调解;第三,提交仲裁解决;第四,诉讼解决。我国法律对以仲裁或诉讼方式解决经济纠纷作了较为详细的规定。

(1)合同纠纷的仲裁

①仲裁的概念和机构。

仲裁是指在发生合同纠纷,当事人自行协商不成时,经济合同仲裁机构根据双方当事人的约定或事后达成的书面仲裁协议,依法作出具有约束力裁决的一种活动。

依据我国《仲裁法》的规定,我国的仲裁机构是直辖市和省、自治区人民政府所在地市以及其他地市人民政府组织有关部门和商会统一组建的仲裁委员会。仲裁委员会独立于行政机关,与行政机关没有隶属关系,仲裁委员会之间也没有隶属关系。中国仲裁协会是社会团体法人,是仲裁委员会的自律性组织。

②申请仲裁的条件和仲裁裁决的效力。

申请仲裁应具备如下条件:

a. 有仲裁协议,即在合同中规定有约定仲裁条款,或有事后达成的书面仲裁协议。当事人采用仲裁方式解决纠纷,应当双方自愿。没有仲裁协议,一方申请仲裁,仲裁委员会不予受理。

b. 有具体的仲裁请求和所根据的事实、理由。

c. 属于仲裁委员会受理范围,即属于合同纠纷和其他财产权益纠纷,可以仲裁。而婚姻、收养、监护、继承纠纷以及依法应由行政机关处理的行政争议,则不属于仲裁范围。

d. 受理仲裁的仲裁机构有管辖权。我国以仲裁方式解决经济纠纷曾经实行过一裁两审制,即仲裁和法院的一审、二审。当事人一方或双方对仲裁不服的,可以在收到仲裁决定书 15 日内,向人民法院起诉。仲裁机构在解决合同纠纷时,没有最后决定权。而修订后的《经济合同法》和颁布的《仲裁法》则规定了一裁终局制,即仲裁机构的裁决一经作出,当事人应当履行,当事人一方在规定的期限内不履行仲裁裁决的,另一方可以申请人民法院强制执行。

(2)合同纠纷的诉讼

①运输合同纠纷诉讼的概念。

经济合同纠纷的诉讼是指经济合同发生纠纷时,当事人不能通过协商解决争议,而向人民法院起诉,请求人民法院通过审判程序解决纠纷的活动。

②起诉的条件。

原告起诉除了要具备《民事诉讼法》规定的有关条件外,还要具备以下条件:

a. 受理的法院要有管辖权。

b. 当事人没有事先或事后约定由仲裁机构解决合同纠纷。当事人达成仲裁协议，一方向法院起诉未声明有仲裁协议，当法院受理后，另一方在首次开庭前提交仲裁协议的，法院应当驳回起诉；另一方在首次开庭前未对法院受理该案提出异议的，视为放弃仲裁协议，法院应当继续受理。

c. 法院的判决、裁定已生效的。当事人以同一事实、同一诉讼标的再行起诉的，法院不予受理。

③诉讼的程序及法院判决、裁定的效力。

我国人民法院办案实行两审终审制。经济合同纠纷的诉讼一般包括一审程序、二审程序和执行程序三个阶段。不经过一审，不能进入二审程序，但并非每一案件必须经过这三个阶段。如一审裁决、裁定作出后，当事人不上诉或在法定期限内未上诉以及一审经过调解结案，则不发生二审程序，一审裁决、裁定即发生法律效力。当事人不服一审裁决、裁定而上诉，则进入二审程序。二审为终审，二审的裁决、裁定即发生法律效力，当事人不能就同一案件再进行起诉。当事人不履行发生效力的判决、裁定，另一方当事人可以向法院申请强制执行。当事人对生效的判决、裁定仍不服的，可在两年内申请再审，但不影响判决、裁定的执行。

(3)仲裁及诉讼的时效

《民法通则》规定，向人民法院请求保护民事权利的诉讼时效为两年。但出售质量不合格商品未声明、延付或拒付租金的，寄存货物被丢失或损坏的诉讼时效为一年。诉讼时效从知道或应当知道权利被侵害之日计算。从权利被侵害之日起超过20年的，人民法院不予保护，但有特殊情况的可以延长诉讼时效期间。超过诉讼时效期间，但当事人自愿履行的不受时效限制。

三、小组讨论

案例分析：2005年6月，梧州市浪苗步阳防撬门销售部（以下简称：步阳销售部）向原告订购防火门52樘，共计价款39 988元。托运人委托某运输企业将52樘门运至梧州，该批货于2005年6月27日到达梧州，收货人发现52樘门严重损坏，经收货人挑选，有34樘门已全损坏，不能使用，造成34樘门价值26 146元的损失。

另外，因收货人未能按时收货，至收货人不能按约完成与开发商防火门安装合同，开发商以收货人违约为由，要求收货人按约双倍返还定金25 260元。收货人以此为由，要求运输企业赔偿其损失25 260元。

小组讨论，这种案例属于何种纠纷？解决这类纠纷的方法有几种？请分别叙述。

四、制订与实施方案

①以小组为单位，模拟运输纠纷过程，需求角色：托运人、承运人、仲裁人、记录员。

②选择某种纠纷类型，自拟案情。

③按照设计方案步骤,每组轮流上台展示。

④要求小组之间进行互评,并提交总结报告。

⑤教师点评。

五、评价反馈

当一组同学操作时,另一组同学按照表9-3的评分标准进行评分。

任务评价表 表9-3

班级: 组别: 姓名:

序号	作业项目	考核内容	配分	评分标准	评分记录	扣分	得分
1	案情拟定	拟定案情是否合理	20	每错、漏一项扣3分,扣完为止			
2	案情重演	流程是否完善,是否突出知识点	25	每少一流程扣5分			
				每个流程作业不全面扣1~4分			
3	总结报告	内容是否充实,结构是否合理	30	每错、漏一项扣5分,扣完为止			
4	安全文明生产	遵守安全操作规程,正确使用设备、操作现场整洁	10	每项扣5分,扣完为止			
		安全用电,防火,无人身、设备事故	10	因违规操作发生重大人身和设备事故,此项按0分计			
5	团队合作能力	团队合作意识,注重沟通,能自主学习及相互协作	5	不参加者或中途离开者扣2分			
6	合计		100				

参考文献

[1] 吴毅洲. 运输管理实务[M]. 北京:人民交通出版社,2012.

[2] 李如姣. 运输作业实务[M]. 北京:化学工业出版社,2010.

[3] 高明波. 物流运输管理实务[M]. 北京:中国劳动社会保障出版社,2006.